ÉMILE DESCHANEL

LES

CONFÉRENCES

A PARIS ET EN FRANCE

PARIS
LIBRAIRIE PAGNERRE
RUE DE SEINE, 18

1870

LES

CONFÉRENCES

A PARIS ET EN FRANCE

PARIS. — TYPOGRAPHIE HENRI PLON,
8, rue Garancière.

ÉMILE DESCHANEL

LES CONFÉRENCES A PARIS ET EN FRANCE

PARIS
LIBRAIRIE PAGNERRE
18, RUE DE SEINE, 18.

1870

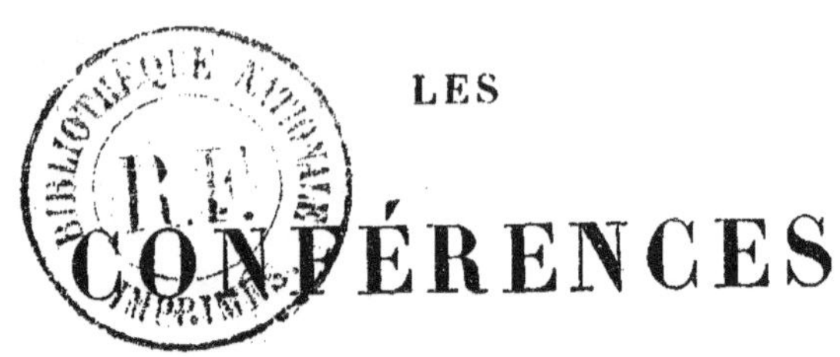

LES CONFÉRENCES

I.

C'est une grande force que de bien savoir ce que l'on veut et d'y tendre sans cesse, d'un progrès continu, à travers les difficultés et les obstacles, par un effort égal et avec une inflexible douceur. Ainsi procède la Nature dans toutes ses œuvres; quel meilleur modèle pourrait-on choisir? Ainsi font, par exemple, les plantes : essayez de les retenir loin de la lumière, dont elles vivent, elles y reviennent, en se mouvant comme des animaux, — la science nous l'atteste, — tournant ou surmontant tous les obstacles avec une puissance obstinée qui ressemble à la volonté, et qui a fait dire, non sans apparence, qu'elles aussi avaient une âme. Ainsi font, à plus forte raison, les animaux doués d'instinct et d'une demi-liberté. Ainsi font, à plus forte raison encore, les êtres libres, les personnes, les peuples : en vain vous les liez, ils se délient; en vain vous les courbez, ils se relèvent; en vain vous les tenez captifs : un jour, comme Samson, ils se dressent dans leur force, et ils emportent sur leur dos les portes mêmes de leur prison.

Où est la source de cette puissance? Elle est dans la force intime de l'être, qui pour l'homme est la volonté, la foi. Il faut croire fermement à quelque chose, et agir conformément à ce que l'on croit, sans se laisser jamais arrêter par quelque crainte que ce puisse être. Là est l'intérêt de la vie : dans la lutte et le sacrifice. Là est la condition de la durée et du succès. Sans la volonté persistante, les plus heureux desseins avortent; avec elle, au contraire, les germes les plus humbles se développent et fructifient. Peu à peu le gland devient chêne.

Qu'est-ce, par exemple, que ces Conférences, fondées par moi à Bruxelles, en exil, le 3 mars 1852; transplantées à Paris, rue de la Paix, au mois de décembre 1860, avec le concours de MM. Albert Le Roy, Juette et Lissagaray, puis de M. Désiré Charnay et de M. Yves Henry; imitées depuis en beaucoup d'endroits, à la Sorbonne même, dans les soirées littéraires et scientifiques instituées par M. Duruy? Ce sont d'humbles germes sans doute, mais qui déjà se sont développés au delà de toute espérance, et se développeront encore; de sorte que les Conférences, en se multipliant et en se propageant, deviendront (vous verrez si je me trompe!) une des formes les plus usuelles et les plus utiles de la liberté et du progrès dans l'avenir.

Nous faisons avec la parole ce que le journal fait avec la plume. La Conférence est donc, comme le journal, un des instruments du progrès, une des formes de la liberté.

C'est dans cette ferme conviction que, pour ma part, depuis une vingtaine d'années, soit en France, soit à l'étranger, je fais des Conférences, et que je les ai propagées déjà, à l'heure qu'il est, dans une cinquantaine de villes. Et je compte que ce nombre ira toujours croissant. Je ne parle que de ce qui me concerne et de ce que je sais par moi-même; ajoutez-y dans votre pensée les efforts semblables de tous mes confrères sur toute la surface du pays, et voyez quel défrichement immense! que de moissons intellectuelles!

II.

Ces cours libres et indépendants, sans autre appui que le public, n'ont pas la prétention de faire concurrence à l'enseignement officiel.

L'enseignement officiel, rétribué par l'État, est régulier, suivi, attaché à tels sujets et à telles méthodes, restreint dans les limites de tels programmes.

L'enseignement libre, rétribué par le public seul, passe d'un sujet à un autre, admet toutes les méthodes et tous les systèmes, et n'est borné par aucunes limites.

Le premier est principalement à l'usage des personnes qui se proposent d'étudier telle matière déterminée.

Le deuxième est tantôt à l'usage des gens du

monde qui aiment un passe-temps intellectuel, tantôt à l'usage du peuple, qu'il faut nourrir de la vraie viande de l'esprit.

Entre l'enseignement libre et l'enseignement officiel, se place une troisième sorte d'enseignement, qu'on pourrait appeler l'enseignement mixte. Il consiste en ces innombrables cours qu'a suscités de toutes parts M. Duruy : l'histoire lui en tiendra compte. Cette troisième sorte d'enseignement n'est rétribuée ni par l'État ni par le public; mais on lui prête, à titre gratuit, des salles toutes préparées, tout éclairées, munies de tous les instruments nécessaires pour les démonstrations scientifiques, et de tous les produits chimiques, souvent fort coûteux, qui sont la matière des expériences, grand attrait pour le public! La Sorbonne y dépense, dit-on, beaucoup d'argent, et c'est de l'argent très-bien employé.

Oui, chose étonnante, dont nous avons droit de nous féliciter pour notre faible part! l'antique Sorbonne elle-même a senti souffler sous ses vieilles voûtes un esprit nouveau! Les femmes, jadis exclues, y ont été admises, comme à nos Conférences de la rue de la Paix, de l'Athénée et du boulevard des Capucines. Mais, attendu qu'en ces régions tempérées il ne faut pas aller trop vite, dans ce vieux nid de l'Université on n'admet encore les femmes que le soir : il semble que, dans ces lieux discrets, l'innovation timorée se glisse à la faveur des ombres de la nuit, et n'ose affronter le grand jour. N'importe! le moyen âge est entamé!

Je me souviens qu'une fois, il y a bien un quart de siècle de cela, M. Saint-Marc Girardin étant en chaire, M. Saint-Marc Girardin, le plus moderne cependant et le plus vif des professeurs de la Sorbonne, et un de nos maîtres à tous, aperçut au haut des gradins une dame qui s'était fourvoyée, ignorant les us et coutumes sorbonniques. Il s'interrompit au milieu d'une phrase, fit signe à l'appariteur, lequel s'approcha de lui; et sans doute que le professeur lui ordonna tout bas d'aller faire sortir cette intruse; car on vit, trois minutes après, le famulus, ayant fait le tour par le dehors (c'était dans la petite salle), apparaître au haut des gradins, toucher du doigt l'épaule de la pauvre dame, lui murmurer quelque chose à l'oreille; sur quoi la malheureuse, tous les yeux braqués sur elle au milieu d'un grand silence, devint rouge comme du feu et sortit en baissant la tête. Puis le professeur, très-spirituel, mais qui cette fois, à mon avis, s'était montré trop attaché à l'usage antique et barbare, reprit tranquillement sa phrase interrompue.

Plus d'une fois, encore en ce temps-là, je l'entendis se féliciter en Sorbonne de n'avoir pas de femmes dans son auditoire. Et il en donnait les raisons richement déduites.

Mais cette année, mieux inspiré, aux réunions du Théâtre du Prince-Impérial, — avril 1869, — ayant pris un jour pour sujet de ses éloquents développements *la formation du public en France*, il a reconnu et proclamé qu'il n'y avait pas de public complet, de public véritable, sans les femmes. Enfin!

mieux vaut tard que jamais. Les Conférences, par leur exemple, *ont remporté* cette victoire!

Au Collége de France, les femmes sont admises, ou tolérées, depuis longtemps. Mais le professeur, en commençant sa leçon, dit toujours exclusivement : « Messieurs! », ne daignant point les compter comme présentes. Ainsi la grossièreté du moyen âge a cédé, là, en fait, mais non pas dans la forme, et les femmes y sont tolérées plutôt qu'admises. Ce qui ne les empêche pas, quand le professeur leur plaît et les charme, comme M. Guillaume Guizot, de monter jusque dans la chaire. Elles y sont censées incognito, mais sur le trône.

Malgré cet exemple éclatant, la Sorbonne n'ose encore, je le répète, ni admettre ni tolérer les femmes aux cours officiels qui se font dans le jour. Les femmes ne sont tolérées là qu'à ces soirées littéraires et scientifiques, imitées de nos Conférences de la rue de la Paix, — où la vieille Sorbonne enfin, rajeunie, badigeonnée à neuf, fardée, éclairée au gaz, et tout étonnée de violer ses propres usages, se croit, peu s'en faut, violée elle-même en son antique virginité!

***

Quoi qu'il en soit, ces trois sortes d'enseignement, — libre, officiel et mixte. — concourent à la même œuvre : répandre les connaissances, remuer les idées, labourer les esprits et les ensemencer, élever les âmes et les cœurs, les désintéresser de la matière, des plaisirs grossiers et du lucre, les sauver de l'abêtissement et des préjugés, des vices, de l'ignorance et de la servitude. Voilà le but que, sous diverses formes, ces trois enseignements poursuivent concurremment, animés de la seule émulation du bien, du vrai et du beau.

III.

On a dit que les Conférences françaises étaient une imitation de l'Angleterre. Je proteste contre cette assertion. Rien ne ressemble moins aux *lectures* anglaises que les *Conférences* françaises.

D'abord, les *lectures* anglaises sont pour la plupart, comme leur nom l'indique, des *lectures* proprement dites. Les Conférences françaises, à une ou deux exceptions près, sont des conversations, — monologues, il est vrai, — que M. Francisque Sarcey, l'un de ceux qui s'y entendent le mieux, a très-bien définies, précisément dans l'une de ces conférences : — des idées générales sous une forme individuelle, en dehors de toute visée intéressée, utilitaire.

Or, au contraire, les *lecturers* anglais, pour la plupart, se proposent un but d'utilité, — immédiate, positive. — Les Conférences françaises ne se piquent que d'une utilité générale et morale.

Les *lecturers* sont très-nombreux en Angleterre : ils se divisent naturellement en *literary* et *scientific*. Chaque année, une publication spéciale donne les noms des principaux *lecturers* et indique d'une façon sommaire les sujets que chacun doit traiter. Un grand nombre de ces *lecturers* se donnent pour des maîtres d'élocution. D'autres racontent des anecdotes ou des voyages. Quelques-uns sont ou ont été à la tête de diverses entreprises, ou *exhibitions*, qui leur appartenaient et qu'ils rendaient très-lucratives par leur talent *humouristique*; — comme Albert Smith, mort aujourd'hui. — D'autres, comme Thackeray, mort aussi, lisaient leurs œuvres, — déjà publiées et imprimées : ce point, en Angleterre, importe peu : pourvu qu'un auteur célèbre s'exhibe lui-même, comme un phénomène, c'est à quoi l'on tient. En France, à Paris, Alexandre Dumas a vainement tenté quelque chose d'analogue. Il est vrai qu'il lisait moins bien que l'on n'aurait dû s'y attendre, et que cet homme de tant d'esprit dans un salon ne sait pas causer dans une Conférence, où personne ne donne la réplique. Charles Dickens, dit-on, lit fort bien, et mime et joue, pour ainsi dire, les divers personnages de ses romans, réduits et raccourcis au moyen d'analyses, en vue de ces *lectures*, qui sont des présentations de la personne et des représentations de ses œuvres. On paye une livre (25 fr.) par tête : Dickens gagne à ce métier-là beaucoup d'argent. Citons encore les frères Mayhew, les frères Brough Nicholl, etc.

De même, en Amérique, Everett, Emerson, etc. Le nombre des *lecturers* est infini; mais le caractère général des *lectures*, là comme en Angleterre, est l'*exhibition*, tout au moins la spécialité, toujours en vue d'un intérêt présent, immédiat, positif. La guerre des États-Unis suspendit beaucoup de *lectures ;* mais je suis sûr qu'à peine terminée elle en a produit de nouvelles, dont elle a fourni le sujet.

Ainsi, dans les pays anglo-saxons, d'esprit positif et utilitaire, les *lectures* ont pour principe et pour but l'intérêt direct, immédiat, — soit du *lecturer,* soit du public, soit de l'un et de l'autre, — tantôt par une sorte d'enseignement, ou plutôt de renseignement, sur tel ou tel point spécial; tantôt par le racontage ou l'exhibition de telle ou telle chose, ou même de tel ou tel homme. Dans l'un et l'autre cas, c'est un métier, une spéculation, soit sur le besoin positif d'information instantanée touchant tel objet précis, soit sur la curiosité humaine en général : car il y a des badauds ailleurs qu'à Paris.

***

Eh bien! je le demande, est-ce que les Conférences françaises ressemblent aux *lectures* ainsi définies? Les Conférences françaises veulent vivre sans doute et vivent en effet de leurs propres ressources, de la libre contribution du public : c'est là leur force et leur honneur; mais elles sont, avant tout, affaire d'opinion et d'indépendance, de libre examen et de propagande. C'est là leur caractère propre et national.

Qu'on ne vienne donc pas nous parler d'importation anglaise et d'imitation : rien n'est plus faux ni plus injuste.

Nos confrères et amis M. Albert Le Roy et M. Simonin, l'un à la salle de la rue de la Paix, l'autre à celle du boulevard des Capucines, ont fait sur les *lectures* anglaises et américaines des Conférences très-distinguées, très-agréables et très-piquantes. Or, elles ont justement mis en lumière la dissemblance profonde des *lectures* anglo-saxonnes et des *Conférences* françaises, tout en rendant justice aux unes et aux autres avec une entière impartialité ou une égale sympathie.

La Conférence proprement dite est donc essentiellement française, libérale et désintéressée, — excepté de ce qui la fait indépendante : la volontaire et modeste subvention des auditeurs.

IV.

Pour moi, certes, je ne pensais guère, je l'avoue, aux Anglo-Saxons ni du vieux ni du nouveau monde, lorsque je commençai mes Conférences. Et, en racontant comment elles naquirent, j'achèverai, du moins pour ce qui me regarde, de mettre ce point hors de tout débat.

En 1845, mon maître et ami M. Ernest Havet me fit l'honneur de me choisir pour son suppléant à l'École Normale, comme Maître de Conférences d'Histoire de la Littérature grecque, et me proposa en cette qualité à M. Dubois, de la Loire-Inférieure, qui, malgré ma grande jeunesse (vingt-cinq ans), ne craignit pas de me nommer.

En 1848, M. Carnot, ministre de l'Instruction publique, eut l'idée noble et généreuse de créer des lectures à l'usage du peuple. Le Collége de France, institution royale, fondation de François Ier, avait ses *lecteurs et professeurs royaux*, — tel était leur titre; — le ministre de la République voulut que le Peuple Souverain eût aussi ses Lecteurs et Professeurs. Sur la première liste des *Lecteurs du Peuple*, — ce fut leur titre, correspondant à l'autre, — il me fit l'honneur d'inscrire mon nom. J'acceptai avec empressement : la fonction était entièrement gratuite; elle ne manquait ni d'utilité ni de noblesse; elle avait de quoi me plaire, et elle me plut. Je m'y adonnai de tout cœur. Deux fois par semaine, le soir, je lisais aux ouvriers de Paris et à leurs femmes les chefs-d'œuvre de Molière, de Corneille et de nos autres grands écrivains nationaux, avec les quelques renseignements, commentaires ou abrégés indispensables. L'auditoire était très-intelligent, très-attentif et très-vibrant.

Cela durait depuis environ une année; la réaction politique commençait; déjà les choses instituées par la République étaient vues de mauvais œil : quoique la République fût encore le gouvernement de nom, de fait on commençait à arracher tout doucement l'ivraie républicaine, en attendant qu'on mît le feu à la moisson, sous prétexte de la sauver. Je vis, peu à peu, se mêler aux blouses qui jusqu'alors avaient rempli exclusivement mon fidèle auditoire quelques redingotes portées par des gens à physionomie suspecte. Un soir, à la fin d'une séance où j'avais lu *le Cid*, qui avait été applaudi avec une vivacité extrême, — pendant que je causais avec quelques-uns de mes auditeurs et que je m'étais un peu écarté du pupitre sur lequel j'avais laissé le livre, un de ces gens à figure ignominieuse, dont je viens de parler, s'approcha, ouvrit le volume, et, tirant un carnet, commença à en copier le titre. Sur quoi m'étant retourné par hasard et ayant vu ce qu'il faisait, je lui vins en aide, et lui dis : *le Cid*. — Il écrivit sur son carnet : *le Cidre*. Ce mouchard n'était pas des plus lettrés. Il paraît que les applaudissements un peu trop chaleureux de la soirée lui avaient donné à penser qu'il devait faire son rapport à ceux qui l'envoyaient pour m'espionner. — Le lendemain j'adressai ma démission au ministre, qui n'était plus M. Carnot.

Voilà la première origine de mes Conférences publiques, — origine pas du tout anglaise, ce me semble, mais très-française et très-démocratique.

Quelque temps après, au mois de février 1850, ayant publié, dans *la Liberté de penser*, en réplique à un discours de M. de Montalembert, un article de discussion philosophique et politique sur le catholicisme, je fus, pour ce seul fait, mis « à la réforme », dépouillé de ma chaire de rhétorique au lycée Louis-le-Grand et de celle d'histoire de la littérature grecque à l'École Normale supérieure, contre toute justice et toute légalité.

La seule loi universitaire avec laquelle on feignit de pouvoir m'atteindre, le décret de 1811, prononce la peine de la réforme contre le professeur *ayant porté scandale dans la maison à laquelle il appartient*. Et, parmi les exemples de scandale que cite le décret pour expliquer ce mot fort vague, pas un, ni de près ni de loin, ne pouvait s'appliquer au fait en question : avoir publié un article dans une revue philosophique.

Néanmoins le ministre, M. de Parieu, élève des Jésuites de Juilly, feignit et fut réduit à feindre, pour obéir au parti clérical qui commençait à relever la tête, qu'en publiant dans une revue très-sérieuse et très-peu répandue un article de discussion grave sur le catholicisme, j'avais *pu* porter scandale dans le lycée Louis-le-Grand, où personne n'avait connaissance de cet article.

La forme, dans ce prétendu jugement, fut aussi arbitraire que le fond.

« Tout jugement qui prononce une peine, dit le jurisconsulte Dupin [1], doit contenir la citation de la loi en vertu de laquelle la peine est appliquée. »

Or, le soi-disant jugement qui prononça contre moi la peine de *la réforme* ne contenait point la citation de la loi. Il se bornait à y renvoyer. Pourquoi? Parce que le texte de cette loi, si on l'eût cité, aurait fait voir trop clairement qu'il ne m'était point applicable.

Je fais appel, pour la première fois après vingt ans de silence, à tous les esprits de bonne foi. Voici, d'une part, le texte du décret de 1811, et, de l'autre,

[1] Publication relative à l'assassinat du duc d'Enghien.

le texte de l'arrêté du ministre. Qu'on nous juge l'un et l'autre.

Décret de 1811, article 68 :

« Si un membre de l'Université est repris pour des faits *portant scandale dans la maison à laquelle il appartient*, ou blessant la délicatesse et l'honnêteté, il sera condamné à la peine de la réforme. »

Et maintenant voici le passage en question dans l'*arrêté de M. de Parieu :*

... « Considérant que cet écrit *est de nature à* porter scandale dans le lycée auquel appartient M. Deschanel *et dans l'Université tout entière...* »

Est de nature à...! Voyez-vous l'hypothèse au lieu du fait? — « Et dans l'Université tout entière! » Sentez-vous l'importance de cette addition subreptice au texte de la loi? Comme l'Université s'étend par toute la France, cela permettra de chercher hors du lycée, — et du décret, — le scandale que M. Deschanel n'a pas porté *dans la maison à laquelle il appartient,* mais que, d'aventure, il aura *pu* porter ailleurs, — dans quelques bonnes âmes cléricales. — Ainsi, puisque le délit n'est nulle part, nous le mettrons un peu partout, et personne ne s'apercevra de la falsification du texte de ce décret, que nous viserons seulement sans le citer! personne n'ira chercher le texte; la fraude passera inaperçue : le professeur sera brisé, et le clergé content : c'est l'essentiel.

Telle fut la flagrante illégalité commise par M. de Parieu : que la responsabilité en retombe sur lui! S'il y eut un scandale dans cette affaire, ce fut non certes mon article, mais l'arrêt arbitraire qui me dépouilla injustement de tous mes droits acquis. La mise « à la réforme, » c'était la peine de mort universitaire. Pour cet unique article, ma carrière, en effet, fut brisée sans appel, comme si j'eusse commis tous les crimes.

Vainement je fus défendu avec énergie, dans le Conseil de l'Université, par les hommes les plus éminents :

D'abord M. Dubois, de la Loire-Inférieure, directeur de l'École Normale, attesta que mon enseignement, soit à l'École, soit au lycée Louis-le-Grand, était sans reproche; puis il soutint qu'en dehors de la chaire, j'avais le droit, comme tout autre citoyen, de publier mes opinions par la voie de la presse, sauf à en répondre, s'il y avait lieu, devant les tribunaux de droit commun; mais que, dans aucun cas, un article publié en dehors de mon enseignement ne pouvait ressortir au Conseil de l'Université; et qu'enfin le décret de 1811 ne m'était nullement applicable, n'y ayant rien de scandaleux dans mon écrit, et cet écrit d'ailleurs n'ayant pénétré ni à l'École Normale, ni au lycée Louis-le-Grand.

C'est ce que démontra ensuite juridiquement M. Ortolan, professeur à l'École de droit. Il n'eut pas de peine à établir ce qui était évident, à savoir qu'un article de discussion philosophique n'avait rien de scandaleux; mais que, fût-il scandaleux, le décret de 1811 ne pouvait atteindre cet article publié en dehors de mes fonctions.

M. Saint-Marc Girardin, à son tour, soutint le droit qu'avait le professeur d'être journaliste à ses heures, et de publier, en dehors de son enseignement, ses opinions politiques et philosophiques, sauf à être cité, le cas échéant, devant les tribunaux du pays, mais non point devant le Conseil de l'Université.

Je fus encore défendu par le savant professeur au Muséum d'Histoire naturelle, M. Isidore Geoffroy Saint-Hilaire.

Le doyen de la Faculté des Lettres de Paris, M. Joseph-Victor Leclerc, fut aussi pour moi et pour le bon droit.

Bref, j'eus pour défenseurs les hommes indépendants, — qui partout et toujours sont en minorité. — Chose bien caractéristique : tous ceux qui parlèrent furent pour moi. Puis, la majorité muette, *servum pecus*, vota comme un seul homme *in verba magistri* sur l'ordre du grand maître, serviteur du clergé.

La discussion, en effet, était impossible; l'illégalité, flagrante. Et il est plus facile, on le sait depuis *les Provinciales*, de trouver des moines que des raisons.

Il m'en coûte de le dire, mais je le dois à la vérité : le bras droit du Ministre dans cette exécution fut le brillant artiste oratoire et ancien philosophe Victor Cousin. Ce nouveau converti y mit du zèle; puis, les gens à la suite, tels qu'un Charles Giraud, qui essaya, pour venir en aide à l'illégalité, de falsifier le procès-verbal de l'interrogatoire que j'avais subi devant la section du Contentieux, avant de comparaître devant le Conseil au complet. Je le lui démontrai en pleine séance; ses collègues même les plus faibles rougirent pour lui; il ne sut que balbutier. L'héroïque Cousin vint à la rescousse, fidèle aux nobles sentiments qu'il avait exprimés dans le cours du procès, lorsqu'il allait criant partout, de crainte que le Conseil ne reculât devant la monstrueuse illégalité de cette *mise à la réforme* : « Les lâches! ils n'auront pas le courage de le condamner! » — Stimulés par son zèle de néophyte, ils eurent ce courage. La complaisante majorité me condamna. Vingt années de travaux et dix ans de service furent considérés comme non avenus.

C'est ainsi que j'eus l'honneur d'être frappé le premier par la réaction cléricale. Vacherot le fut ensuite, puis le docteur Guépin, de Nantes : puis Amédée Jacques, puis beaucoup d'autres, et enfin Michelet.

Après cela, il y eut comme des razzias d'instituteurs. C'était en 1850 : avant de tuer la République, on frappait les républicains.

Ma carrière brisée, à trente ans, je dus songer à m'en refaire une autre. L'occasion m'en fut offerte par l'exil.

V.

Un peu après le coup d'État du 2 décembre 1851, je fus arrêté dans mon lit, un matin avant le jour, puis jeté en prison pendant quelque temps, et de là en Belgique, sans autre forme de procès.

J'eus alors l'idée d'ouvrir à Bruxelles des Conférences littéraires, y conviant les femmes aussi bien que les hommes, — chose qui ne s'était pas faite encore en ce pays; — elle réussit avec une rapidité merveilleuse.

Le clergé s'en émut, et même sans mesure : on dénonça en chaire ces Conférences maudites, qui, pour la première fois, faisaient entendre aux femmes la parole libre et laïque. Les femmes n'avaient entendu jusqu'alors que la parole cléricale : on allait leur ouvrir les yeux, tout était perdu! On les menaça, au confessionnal, d'un refus d'absolution, si elles continuaient. Elles continuèrent. Et quelques-unes des pénitentes, impénitentes, vinrent en catimini me raconter la chose. — Je n'avais alors que trente ans, et l'on venait se confesser à moi aussi volontiers qu'à un autre. — Grâce à cette guerre du clergé, le succès de mes Conférences ne fit que s'accroître. Rien n'est utile comme les réclames qui tombent, sous forme d'anathèmes et d'injures, du haut des *Chaires de vérité*.

***

Ce qui excita aussi la curiosité du public bruxellois, c'est que la plupart des hommes éminents proscrits par le coup d'État du 2 décembre me faisaient l'honneur, par un gracieux sentiment de fraternité sur le terrain commun de l'exil, de suivre assidûment mes Conférences. En tête, Victor Hugo, dont les applaudissements prodigués entraînaient l'auditoire. Avec lui, Edgar Quinet; le général Lamoricière, le général Bedeau, le colonel Charras; Étienne Arago, David d'Angers, Madier-Montjau, Bancel, Pascal Duprat, Marc Dufraisse, Fleury, Laussedat, Charles Place, Gambon, Hetzel, Labrousse, Victor Borie, Baune, Caylus, Léopold Duras, Noël Parfait, Testelin, Victor Considérant, Lachambeaudie, Songeon, Bourzat, Brives, Carrion, Joigneaux, Oscar Gervais, Louis Ménard, Victor Versigny, le capitaine Cholat, Deluc, Alphonse Esquiros, Belin, Dupont de Bussac, Lamarque, Latrade, Rousseau, Saint-Ferréol, presque tous anciens représentants du peuple, ou distingués à différents titres. En un mot, un parterre de rois et de princes — de l'intelligence et de la pensée. — Alexandre Dumas s'y trouvait aussi, quoique ce ne fût pas la tempête politique qui l'eût poussé en Belgique avec nous.

J'avais encore dans mon auditoire d'autres célébrités, étrangères ou belges : Calamatta, Dall'Ongaro, Arrivabene, MM. Quételet, Fétis, Charles Rogier, Joseph Lebeau, Charles de Brouckère, Théodore Verhaegen, Vervoort, Vilain XIIII, Fortamps, le prince et la princesse de Ligne, M. et madame Philippe Bourson, le prince et la princesse Alphonse de Chimay, la duchesse de Newcastle, le général Renard, MM. de Bonne, Bérardi, de Fré, de Bériot, Vieuxtemps, madame Pleyel, Auguste Dupont, Henri Samuel, Louis Gallait, Portaels, Slingeneyer, les Stevens, Charles Deleutre, etc.

Un auditoire si varié et si brillant me stimulait.

Victor Hugo, bon homme pour ses amis autant que terrible à ses ennemis, me faisait des succès à propos des moindres mots avec un entrain charmant et touchant. Ah! quel bon chef de claque était pour moi ce grand et glorieux poëte! On venait pour le voir, lui et les autres, bien plus que pour m'entendre, et on venait en foule : on s'étouffait. La longue salle du Cercle artistique et littéraire, qui, grâce à la bienveillance de son savant président, M. Quételet, me donnait l'hospitalité à la Galerie de la Reine, était trop étroite. On la changea ensuite contre une plus grande, dans la Maison du Roi, en face de l'hôtel de ville de Bruxelles.

***

Bientôt mes Conférences s'étendirent de Bruxelles aux autres villes de Belgique : Gand, Bruges, Anvers, Liége, Verviers, Charleroi, Mons, Louvain, Alost, Ypres, Tournay, etc. Puis, jusqu'en Hollande, à Amsterdam, à Maestricht, etc. Grâce aux chemins de fer qui relient et rapprochent toutes ces villes, je parlais presque tous les soirs dans l'une ou dans l'autre : j'étais toujours courant et discourant, et dès lors je pris l'habitude de lire et d'écrire en wagon pour préparer mes Conférences.

Vie de fatigues et d'émotions. Depuis dix-huit ans, c'est ainsi. Je vais d'Amsterdam à Bayonne, et de Biarritz à Maestricht, ou de Strasbourg au Havre, ou de Nantes à Mulhouse, semant l'idée et le bon grain, ou du moins défrichant et promenant la herse, mêlant à la terre la lumière et l'air.

***

L'année suivante, 1853, Madier-Montjau se mit à faire aussi des Conférences, d'abord à Bruxelles, puis dans d'autres villes, avec un très-brillant succès.

L'année d'après, Bancel en fit également, et sa parole tribunitienne remporta des triomphes oratoires que viennent de couronner, en France, les Élections des 23 et 24 mai 1869.

D'autres exilés français encore, Laussedat, Versigny, Charles Place, Challemel-Lacour, Arsène Meunier, Agricol Perdiguier, firent aussi des Conférences et ne réussirent pas moins bien.

C'est ainsi que la France républicaine s'honora dans la proscription et dans l'exil.

Et à présent, je le demande, où donc est l'Angleterre dans tout cela?

D'autres écrivaient dans les journaux belges. Je faisais les deux choses à la fois, écrivant dans l'*Indépendance* les Variétés littéraires et la Chronique des Théâtres.

***

D'autres, pour vivre, plaçaient à l'étranger les vins de France. Vins ou littérature, n'était-ce pas toujours, sous l'une ou l'autre espèce, l'esprit français? Il circulait, on l'infusait à l'étranger.

Le Belge, en récompense, nous infusait aussi l'intelligence vraie de la liberté, qui est comme l'état naturel autant que politique et social de cet heureux peuple, doué de tant de bon sens !

*
* *

Voyant le succès de ces Conférences détachées, les proscrits français conçurent une idée plus vaste, — qu'on les empêcha de réaliser : — cela se serait appelé le *Collége de France à l'étranger*.

Victor Hugo en eût été le doyen honoraire : — obligé de quitter la Belgique, il était parti pour Jersey. — Edgar Quinet eût enseigné, comme au Collége de France parisien, la poésie, l'histoire et la morale; Lamoricière, Bèdeau, Charras, l'art militaire et les sciences, comme à l'école Polytechnique; les docteurs Laussedat, Testelin, Charles Place, Raspail, les diverses branches de la médecine; Étienne Arago, le théâtre; moi, les littératures grecque, latine, française, comparées aux autres littératures; Marc-Dufraisse et Victor Versigny, le droit; Pascal Duprat, l'économie politique; Madier-Montjau et Bancel, l'éloquence; Challemel-Lacour, la philosophie; Baune, la philologie; Victor Borie et Joigneaux, l'agriculture; David d'Angers, la statuaire; Dall'Ongaro, la poésie italienne; Labrousse, le commerce; Joly, Brives, etc., quelques autres sujets.

Vous m'avouerez que ce Collége de France à l'étranger n'eût pas fait trop mauvaise figure et que, dans plus d'une institution gouvernementale, subventionnée par le budget, il y a des listes de professeurs moins bien remplies et des programmes de cours moins variés.

Mais, par cela même que la réalisation de ce projet n'eût manqué ni de grandeur ni d'éclat, et qu'elle eût fait voir quels étaient les hommes qu'on avait expulsés sans jugement comme des gens de sac et de corde, uniquement parce qu'ils défendaient la Constitution violée, — l'autorité belge, craignant que la chose ne déplût en France, se crut forcée d'y opposer son *veto* (car ce sont les Belges qui sont libres, mais non pas les réfugiés), et ce projet n'eut pas de suite.

On continua seulement les Conférences détachées. Elles se multiplièrent de toutes parts avec une sorte de fièvre.

VI.

Les Belges, piqués d'une généreuse émulation, se mirent à en faire aussi. Et les femmes vinrent à leurs séances comme aux nôtres. La chose désormais passa dans les mœurs. Et je me glorifie d'avoir attaché ce grelot.

J'ai lu avec plaisir, treize ans après, dans l'*Indépendance belge* du 8 août 1865, un article signé Émile Leclercq, sur les *Conférences publiques*, dans lequel ce loyal écrivain reconnaît galamment l'influence que les Conférences des exilés français exercèrent sur la Belgique. L'article commence de la sorte :

« L'exil a cela de bon, — bien qu'il porte le désordre dans la société et qu'il atteigne la liberté du citoyen, — que les forces intellectuelles qu'il prend à une nation, il les ajoute aux forces intellectuelles d'une nation voisine..... C'est ainsi que la Belgique, qui a recueilli chez elle bon nombre de proscrits français après le coup d'État du 2 décembre, a profité de l'initiative et de l'intelligence de ces esprits nouveaux, et a vu sa vie politique et sa vie philosophique prendre un mouvement réellement remarquable, qui aura plus tard une grande influence sur notre bonheur social... »

Plus loin, le publiciste belge, d'un esprit élevé autant que judicieux, pose ainsi le sujet :

« L'idée, c'est l'âme de l'humanité. Elle se manifeste par la parole, par l'écriture, par l'action. L'écriture appartient au philosophe et à l'historien, pour la vulgarisation de l'idée; la parole, à l'apôtre; l'action, à l'homme pratique. Par l'écriture, on amasse et on condense; par la parole, on entre dans l'action. La parole est à la fois vulgarisatrice et militante; elle laisse à peine le temps de réfléchir, elle porte à l'enthousiasme. Qu'après elle, passe l'homme pratique, et il entraînera le monde... »

Enfin M. Émile Leclercq conclut en ces termes :

« Nous devons rendre à chacun la justice qui lui est due; d'ailleurs, notre dignité même exige que nous soyons reconnaissants. C'est le coup d'État français du 2 décembre qui a éveillé l'intérêt politique et philosophique de la nation belge; c'est aux exilés français que nous devons l'agitation fortifiante et féconde qui s'est faite dans nos esprits. Ils sont venus, nous les avons reçus, — non cependant sans une certaine réserve, — et ils nous ont payé leur hospitalité en faisant entrer dans nos mœurs ce qui n'existait réellement qu'en Angleterre, — l'initiative populaire. Car remarquez bien que, sans les Conférences de quelques hommes érudits, d'une éloquence virile ou gracieuse, insinuante ou rude, la « mode » des meetings n'aurait pas pris de sitôt à Bruxelles, puis par toute la Belgique. Ces Conférences nous ont attirés d'abord comme un spectacle. On y allait bien plutôt par curiosité que par intérêt. C'est ainsi qu'on prend l'esprit de l'homme, qui, au fond, garde toujours quelque chose d'enfantin. Peu à peu l'intérêt s'éveilla, les fibres généreuses vibrèrent, l'enthousiasme gagna les âmes : on trouva que l'éloquence au service de la société était une chose belle et enviable. Une noble émulation poussa les professeurs de nos universités à suivre la ligne tracée par leurs heureux devanciers. Dès ce moment, la parole libre naquit en Belgique... Après les professeurs, sont venus les simples lettrés, les journalistes, les poëtes, les députés. Puis, peu à peu, les hommes spéciaux, les économistes, les linguistes, les historiens, les critiques, les chimistes. Le branle une fois donné, on vit que l'esprit public du Belge n'était réellement qu'engourdi, et qu'on pourrait l'enfiévrer pour les questions même les plus ardues, pourvu qu'on arrivât d'abord à le faire sortir de son apathie habituelle.

» Les orateurs français nous ont pris par le charme,

par l'art : il fallait autre chose que le bon sens et la conviction pour faire pénétrer ainsi tout à coup dans nos mœurs une nouveauté ayant des apparences sérieuses. Avant de nous intéresser, il était nécessaire de nous plaire. Les Conférences furent donc, avant tout, des parties de plaisir : la musique de la parole fut l'appât et la séduction qui attirèrent les plus flegmatiques. Mais la parole n'est pas seulement un son, elle est surtout l'idée; de sorte qu'au charme de la première heure, qui cependant continua son rôle d'irrésistible, se mêlèrent immédiatement la réflexion et la pensée. Et, tout de suite après qu'on eut dit : « Tel orateur parle avec art », on discuta ses principes et on batailla sur sa péroraison.

» Lorsque ainsi à la satisfaction sensuelle eut succédé l'éveil de la conscience, les orateurs belges purent entrer en ligne.

» Instinctivement, nativement, nous ne possédons point l'éloquence. L'esprit public, en Belgique, cherche plutôt à démontrer par l'argument qu'à séduire par l'art... Si les orateurs français n'avaient eu que du bon sens et point de séduction, ils n'eussent pas éveillé assez fortement notre curiosité pour nous agiter et nous arracher à nos habitudes. Mais, venant après eux, nos concitoyens n'avaient plus qu'à suivre une voie déjà tracée; l'idée dominait la musique, le fond emportait la forme et la faisait passer alors même qu'elle était défectueuse.

» Aujourd'hui enfin, les Conférences publiques sont dans nos mœurs. Elles ont jeté des racines profondes dans les consciences; on connaît leur influence sur les masses, on sait à quoi l'orateur convaincu et ardent peut parvenir, et combien la force d'impulsion qu'il donne à tout un groupe d'hommes est plus grande que la propagande du livre.

» Et qu'on ne croie pas que Bruxelles seul ait profité de cette naissance tardive de la parole. L'amour des discours publics eut bientôt gagné la province... Aujourd'hui la plupart de nos grandes villes ont des « sociétés de Conférences », qui appellent, tous les ans, les principaux orateurs, étrangers et nationaux, à venir prendre place à leur tribune... »

Tel est ce témoignage spontané, aussi honorable pour ceux qui le rendent que pour ceux auxquels il s'applique.

Nous, en revanche, nous nous plaisons à reconnaître que, si nous avons pu communiquer à la Belgique le goût de la parole vivante, électricité des esprits, la Belgique, de son côté, nous a appris à connaître et à pratiquer la vraie liberté, qui est la vie des nations, leur dignité et leur honneur.

Au Congrès des Sciences sociales, qui eut lieu à Gand au mois de septembre 1863, le roi Léopold Ier, après le banquet qui lui fut offert, me fit l'honneur de s'approcher de moi et de me dire : « Monsieur, vous avez fait d'excellentes choses dans notre pays. »

***

Pendant mes huit années d'exil, je continuai mes Conférences dans les principales villes de Belgique et de Hollande.

Je les y continue encore, de temps en temps, depuis que, la patrie ne m'étant plus fermée, j'ai pu rentrer en France avec honneur, sans sollicitation, sans conditions et sans serment.

C'est alors, à dater de 1860, que j'ai transplanté à Paris d'abord, ensuite dans nos départements, ces Conférences publiques, nées dans l'exil, sur une terre de liberté, — et cela sans la moindre idée d'imiter les *lectures* anglo-saxonnes, *sans* même y avoir jamais songé. — Il faut être bien entiché de l'Angleterre, et bien prévenu en faveur de tout ce qui n'est pas français, pour chercher là nos origines.

Et maintenant voici la suite. Car, si j'ai été le plus ancien fondateur et le plus actif coopérateur des Conférences, je n'ai pas la prétention d'en être le fondateur unique.

VII.

Vers la fin de 1860, à Paris, un de mes amis et anciens camarades d'École Normale, M. Albert Le Roy, homme du plus honorable caractère et de l'esprit le plus ferme, eut à son tour l'idée d'ouvrir, avec M. Juette, professeur de sciences, puis avec M. Lissagaray, les Conférences de la rue de la Paix, et me proposa d'y prendre part.

J'acceptai, et parlai dès lors à Paris tous les mercredis, comme j'avais fait à Bruxelles.

Les Conférences de la rue de la Paix n'eurent qu'à se louer de l'accueil du public et de l'appui fraternel de la presse. Adoptées, en quelque sorte, par les plus honorables sympathies, elles comptèrent parmi leurs collaborateurs MM. Babinet, de l'Institut; Legouvé, de l'Académie française; Ferdinand de Lasteyrie, Louis Jourdan, Eugène Pelletan, Laurent Pichat, Albert Le Roy, Barral, Lissagaray, Victor Borie, Henri Brisson, Hébrard; Samson, de la Comédie-Française et du Conservatoire; — plus tard, MM. Ferdinand de Lesseps, Cortambert père et fils, J. J. Weiss, Hervé, Félix Hément, Chavée, Simonin, Désiré Charnay, Wilfrid de Fonvielle, Flammarion, le docteur Piorry; — pour la musique, Charles Bataille, professeur au Conservatoire, et quelques-unes de ses brillantes élèves; entre autres, mademoiselle Rosine Bloch, aujourd'hui cantatrice à l'Opéra. « J'en passe, et des meilleurs. »

Le succès prit comme une traînée de poudre. Il fallut au premier salon en ajouter un second; puis un troisième, que l'on construisit exprès, au-dessus d'une arrière-cour.

En même temps que je parlais à Paris tous les mercredis, d'un mercredi à l'autre je roulais et parlais dans toutes les villes, grandes ou petites, — et dans toute espèce de locaux : tantôt dans les Cercles littéraires, tantôt dans les Hôtels de ville ou les Mairies, tantôt dans les salles de Théâtre ou dans les foyers, tantôt dans quelque ancienne église, comme à la Société d'Émulation de Liége, ou comme à l'ancienne École Normale de Paris, lors de mes débuts, aux vieux bâtiments du Plessis, en 1845; — tantôt dans un cellier à vin de Champagne, orné de pampres et de branchages, comme à Mareuil-sur-Aï, — avec ouverture en musique par la société d'harmonie locale, composée des vignerons et ouvriers du pays; — chose très-touchante : l'art et l'idéal trouvant place dans la vie de ces hommes de cœur parmi les travaux les plus durs, et venant fêter fraternellement la libre parole!

Le succès des Conférences de la rue de la Paix éveilla la concurrence et l'imitation : de toutes parts on fit des Conférences à l'instar des nôtres. Cela devint une vogue, une fureur. On en fit partout où l'on put, dans des magasins, dans des cours, dans des granges, sous des tentes. On en aurait fait dans des caves, dans des greniers, sur les toits, sur la pointe de la flèche de Strasbourg.

Cette année même, 1869, n'a-t-on pas vu les grandes réunions publiques, d'abord simplement littéraires, à l'instar de nos Conférences, — puis politiques, à l'approche des Élections, — se tenir dans toute espèce de locaux?

Et ici encore on s'est trop hâté de dire que c'était

là une autre imitation des mœurs anglo-américaines. Un de mes meilleurs amis, M. Eugène Yung, dans sa *Revue des Cours littéraires*, 30 avril 1869, s'exprime ainsi :

« Nous commençons à nous rapprocher des mœurs américaines par un côté où cette imitation constitue, selon nous, un progrès. Naguère encore peut-être des orateurs éminents, des membres de l'Institut, se seraient fait scrupule de monter sur une scène, de se produire sur un théâtre, pour y prononcer un discours sur une question d'histoire ou de littérature. Mais quoi ! une loi nouvelle nous avait rendu le droit de nous réunir sans autorisation préalable ; il restait à exercer ce droit ; et où trouver une salle un peu vaste, même à Paris, en dehors des édifices appartenant à l'État, si l'on ne se décidait à louer une salle de spectacle, voire même une salle de bal public ? En Amérique, en Angleterre, les théâtres ne pouvant donner de représentations le dimanche, on les loue ce jour-là ; pour quoi faire ? pour y tenir des sermons.

» On estime, en ces pays, que tout endroit est bon, pourvu que ce qu'on y dira soit bon. Dernièrement, au Corps Législatif, on se moquait agréablement d'une réunion privée qui s'était tenue dans une écurie. En Amérique, en Angleterre, des railleries de ce genre auraient surpris tout le monde : on ne les aurait pas comprises. On se réunit où l'on peut, aurait-on répondu. En France, il y a à cet égard une sorte de pruderie, dont nous commençons à nous débarrasser. Il suffisait que l'exemple fût donné par des hommes éminents. Au mois de janvier dernier, M. Jules Favre faisait une conférence dans la salle Valentino; un peu plus tard, le Théâtre du Prince Impérial devenait une salle de Conférences hebdomadaires où se sont fait entendre MM. Saint-Marc Girardin, Jules Simon, Legouvé, Augustin Cochin, Ernest Renan, etc. — Des fonctionnaires, des membres distingués de l'Université ont fait, eux aussi, des conférences le dimanche au Théâtre de la Gaieté, sur la pièce même qu'on y allait représenter... On voit que le pli est pris. Nous sommes loin, pour notre part, de nous en plaindre. Les Français ont encore bien des préjugés de ce genre; un de moins, c'est toujours cela de gagné. Les Américains, les Anglais, n'ont peut-être pas beaucoup moins de préjugés que nous, mais ce ne sont pas les mêmes, et ils se gardent bien d'en avoir qui les puissent gêner dans l'exercice d'un droit que la loi leur confère. Peu à peu nous arriverons à prendre leurs mœurs sur ce point. »

*

Tout cela est bien dit, sans doute; mais à quoi bon, ici encore, rattacher cette chose toute française au prétendu exemple des Anglais et des Américains, quand c'est nous qui avons donné l'exemple, et depuis dix-huit ans déjà, dans plus d'une cinquantaine de villes, du nord au midi et de l'est à l'ouest? Avons-nous eu besoin pour cela de regarder par-dessus l'Atlantique, ou seulement par-dessus le détroit? Nous n'y avons même point songé. Quelle manie avons-nous, Français, de nous arracher toutes nos plumes, comme si c'étaient celles des Anglo-Saxons! Nous ne leur avons rien dérobé : nos plumes sont à nous, gardons-les! Ce qui est dû bien véritablement à l'initiative française, quelle rage avons-nous d'en faire honneur à l'Angleterre ou aux États-Unis? Nous sommes nous-mêmes, vive Dieu! et nous n'avons besoin de personne. Pourquoi donc dire que nous les imitons, quand nous ne les imitons pas? Les gens de bon sens, en tout pays, ont découvert sans peine que le local, par lui-même, est indifférent; que ce qui importe, ce n'est pas le cadre, mais le tableau; ce n'est pas le vase, mais le vin; ce n'est pas la salle, mais le discours. Et ils n'ont pas pris, pour une chose si simple, un brevet d'invention; mais aussi ils ne veulent pas qu'on mette l'estampille anglo-saxonne sur nos idées, grandes ou petites!

La nécessité seule, d'ailleurs, ici comme là-bas, il faut bien le dire, a tout l'honneur de l'initiative. Voyez dans combien de locaux divers se sont tenues les réunions électorales de cette année 1869, à Paris! Un journal en a fait le relevé suivant :

Il y a eu deux cent dix-huit assemblées, rien que pour le premier tour de scrutin, et elles ont eu lieu comme suit :

Dans *cinq théâtres :* au Châtelet, au cirque Napoléon, au théâtre Déjazet, au théâtre Rossini, au théâtre Molière;

Dans *dix salles de bal :* aux Folies-Belleville, au

Pré-aux-Clercs, au Grand Salon Poissonnière, au bal de l'Étoile, avenue de Wagram; au Vieux-Chêne, rue Mouffetard; à la Réunion, rue de Lévis (Batignolles); à Valentino, rue Saint-Honoré; aux Folies-Méricourt, rue de ce nom; à la salle des Peupliers, à Grenelle; à la salle d'Orient, rue Duvivier;

Dans *trois salles de café-concert :* à l'Alcazar, au Casino de Paris, rue de Lyon; au Concert de Marseille, à la Villette;

Dans *trois gymnases :* au gymnase Gezelle, rue de la Sorbonne; au gymnase Triat, avenue Montaigne; au gymnase Pascaud;

Enfin, il y a eu des réunions dans *une salle de tir*, à Mont-Rouge, dans des *magasins* inoccupés et dans des *granges*, etc.

***

Les gens sensés comprennent bien tout seuls, sans l'aide des Américains ni des Anglais, que tant vaut la parole, tant vaut le lieu.

A ce membre de la majorité, qui essayait de jeter le ridicule sur une réunion privée parce qu'elle avait eu lieu dans une écurie, on répondit éloquemment que des choses regardées comme sacrées et des personnes regardées comme divines par beaucoup de monde encore aujourd'hui avaient pris naissance dans une étable et avaient eu pour berceau une crèche.

VIII.

Ce n'est donc ni à l'Angleterre ni à l'Amérique que l'on doit rapporter ni l'honneur des Conférences françaises, ni l'idée toute naturelle de les faire partout où l'on peut.

***

Ce serait en France, tout au plus, que l'idée elle-même des Conférences aurait eu quelques précédents.

Ainsi l'Association Polytechnique, qui a son siége à l'École centrale des arts et manufactures, a été fondée par d'anciens élèves de l'École Polytechnique, en 1830.

Elle a pour but de donner à la population ouvrière un complément de l'instruction primaire, approprié à ses besoins. Elle établit, à cet effet, des Cours publics et gratuits de langues vivantes, de géographie industrielle et commerciale, de comptabilité, de législation usuelle, d'économie politique, de mathématiques appliquées, de dessin, de physique, de chimie, de mécanique, etc. Chaque année, elle distribue, sous la présidence du Ministre de l'instruction publique ou du président de la Commission municipale de Paris, des récompenses aux ouvriers qui se sont le plus distingués par leur assiduité, leur travail et leurs progrès. Ces récompenses consistent en mentions, prix, livrets de la Caisse d'épargne et médailles.

— L'Association Polytechnique est dirigée par un Président, assisté d'un Conseil d'enseignement composé de vingt membres. De plus, afin de suivre le mouvement de l'industrie et d'être à même de modifier son enseignement suivant les besoins des ouvriers, l'Association Polytechnique a un Comité consultatif, comprenant des chefs d'industrie, des contre-maîtres et des ouvriers. — Œuvre éminemment utile et pratique.

Une autre association, dont le but est le même, l'Association Philotechnique, date de 1848. Elle fait ses cours à Paris au lycée Charlemagne, à la Sorbonne et à l'École de Pharmacie. Elle compte un grand nombre de professeurs appartenant à l'enseignement libre et à l'Université. Elle a des sections dans la banlieue et dans quelques villes de province.

Le nombre des auditeurs est à peu près le même pour les deux Associations.

Antérieurement à l'une et à l'autre, il y avait eu à Paris l'ancien Athénée.

« Il siégeait au coin de la rue de Valois et de la rue Saint-Honoré, dès avant la Révolution jusqu'en 1848. C'était principalement un Cercle, possédant une bibliothèque très-bien montée, des salles de lecture et de conversation, en un mot les accessoires ordinaires d'un Cercle, auxquels s'ajoutait un riche cabinet de physique et de chimie, disposé avec des bancs et des gradins pour un cours. Lavoisier s'est servi de beaucoup d'instruments qui se trouvaient là.

» Après la première période, signalée par les cours de La Harpe, Garat, Ginguené, Lemercier, — Fourcroy, Chaptal, Monge, Cuvier, — les plus illustres professeurs de l'Athénée furent, d'une part, Fresnel, dont le cours, bientôt interrompu, est rappelé par M. Verdet dans la préface de ses œuvres, et, d'autre part, Jean-Baptiste Say, Destutt de Tracy, surtout M. Viennet, qui y obtint, vers l'an 1817 et pendant les années suivantes, un très-brillant succès...

» Plus tard, M. Dumas, le chimiste, et M. Jules Janin professèrent à l'Athénée. Le dernier directeur a été M. Lenoir. M. Bourbouze y fut préparateur vers 1848. Le dernier professeur de physique a été M. Duplessis. On y faisait des Cours suivis, représentant toute une partie de la science, plutôt que des Conférences isolées. — En 1848, tout tomba en dissolution, parce que les rangs des vieux sociétaires s'étaient fort éclaircis, et que les survivants ne voulaient pas faire les sacrifices nécessaires pour soutenir l'institution. On vendit tous les instruments à vil prix, et le Cercle, plus ou moins disloqué, émigra au-dessus du restaurant du *Bœuf à la mode*, où il resta très-peu de temps. On essaya encore d'y faire quelques Conférences, en allant emprunter des instruments de côté et d'autre. Puis, vers 1849, l'Athénée dut encore émigrer, plus disloqué et plus transformé que jamais :

on peut même dire que ce n'était plus l'Athénée, mais un nouveau Cercle portant son nom et ayant hérité de ses archives, peut-être à prix d'argent. Il s'installa au coin de la rue Richelieu et du boulevard. Ce Cercle était surtout fréquenté par des gens de lettres, parmi lesquels on distinguait Méry, et il s'y faisait de temps à autre des conférences ou plutôt des causeries.

» En tout temps les Conférences de l'Athénée ont eu une sorte de caractère privé, puisqu'on n'y assistait que sur invitations, — qu'on se procurait du reste assez facilement [1]. »

⁂

Il en est de même au Cercle Agricole, où, depuis trente-cinq ans environ, on fait, pendant les quatre mois d'hiver, de janvier à avril, une fois par semaine seulement, le vendredi, des Conférences scientifiques et littéraires à l'usage des membres du Cercle et de quelques invités. — J'en ai fait là aussi pendant huit ans, de 1860 à 1868.

Au mois de novembre 1866, un banquier tenta de ressusciter, à Paris, le nom d'Athénée, et fonda de grandes espérances sur l'alliance des Conférences et de la Musique. Il leur ouvrit une salle souterraine auprès du nouvel Opéra. On y pénétrait à peu près

[1] *Revue des Cours littéraires*, 1er décembre 1866.

de même que Don César de Bazan chez son cousin Don Salluste :

> Dans ce charmant logis on entre par en haut,
> Juste comme le vin entre dans les bouteilles.

Les frais de la Musique furent si considérables (c'était Pasdeloup, avec son orchestre et ses chœurs), que l'affaire culbuta au bout d'un an.

Les Conférences avaient couvert leurs frais et vécu honorablement[1], — comme l'attestent les registres, — sans devoir rien à personne.

C'étaient nos Conférences de la rue de la Paix qui, dépossédées de leur berceau par un conquérant financier, le célèbre Wortz, le tailleur pour femmes, avaient provisoirement accepté l'hospitalité de M. Bischoffsheim, en attendant la nouvelle salle du boulevard des Capucines, — où elles ont signé, au mois d'octobre 1867, sous l'intelligente gérance de M. Yves Henry, un bail de neuf ans. Une société s'est constituée au capital de 20,000 francs, divisé en deux cents actions de 100 francs. L'assemblée générale vient d'avoir lieu, en juillet 1869, et le Conseil de surveillance, présidé par M. Léon Say, a déclaré aux actionnaires que le bilan de cette première année se soldait par un bénéfice ou excédant de recettes de 2,000 francs.

IX

On reproche à la salle des Capucines d'être étouffante, trop basse de plafond, mal ventilée, que sais-je? et l'on s'étonne qu'au bout de dix ans d'existence, qui affirment leur vitalité, les Conférences, dans une ville comme Paris, ne soient pas encore mieux logées.

D'abord, c'est que précisément, dans une ville comme Paris, les loyers sont extrêmement chers.

Il y aurait peut-être un moyen, celui de M. Vautour : — être propriétaire, afin de ne pa: payer de loyer.

Eh bien! ce n'est pas une plaisanterie : on y gagnerait, et à coup sûr; — à une condition seulement : c'est qu'on fût garanti des cas de force majeure provenant du gouvernement. Or, en France, c'est une utopie.

En Belgique, c'est une réalité. Là, tout citoyen étant libre de dire, écrire et publier par tous les moyens tout ce qu'il lui plaît, sans déclaration préalable, sans contrôle et sans limites, les Conférences ni les journaux, ne voyant pas sans cesse suspendu sur leur tête, comme chez nous, le refus ou le retrait d'autorisation, — ou bien, sous le régime de la nouvelle loi, l'intervention arbitraire d'un commissaire de police et tout ce qui s'ensuit, — les Conférences, dis-je, là-bas, peuvent compter sur un lendemain; et alors qu'en résulte-t-il? C'est que, dans presque toutes les villes, moyennant des cotisations incroyablement minimes, — à Bruxelles 30 ou 40 francs par an, à Gand 12 francs, à Bruges 5 francs, — écoutez bien! non-seulement chaque citoyen, mais toute la famille, père, mère, aïeuls, enfants, — très-nombreux dans chaque maison belge, — ont droit à toutes les conférences de la saison, à tous les concerts, à toutes les fêtes; sans compter les journaux, la bibliothèque et tout ce que comporte un Cercle.

Et nunc erudimini! Tout cela, parce qu'on a la liberté et qu'on n'a pas à craindre de périr de mort subite et violente. On est donc toujours sûr, là-bas, de récolter ce que l'on a semé. Et alors on sème sans crainte. Et le nombre infini des cotisations réduit chacune d'elles à un chiffre minime. Et avec ces chiffres minimes on construit des salles magnifiques.

Mais en France, mais à Paris, allez donc vous mettre sur le dos l'achat d'un terrain à mille francs le mètre, puis la construction et l'installation d'une salle élégante, commode, confortable, bien disposée pour l'acoustique et pour la respiration, — je ne parle pas des frais courants, administration, personnel, rétribution des orateurs, affiches, programmes, etc.; non, je ne parle que du premier établissement; mais allez donc prendre un pareil fardeau, pour qu'un beau matin un ukase vous réduise à faire faillite, sans indemnité d'aucune sorte! En vain, fort de votre courage, de votre talent, de votre succès, des sympathies constantes du public, de je ne sais combien d'années de travaux, de luttes et de peines, vous chargeriez sur vos épaules ce taureau, sûr de le porter jusqu'au bout de la carrière sans fléchir : qu'un arrêté vous coupe le jarret, vous tombez écrasé sous le fardeau qui devait être votre triomphe.

C'est pourquoi, durât-on dix ans, vingt ans, trente

ans, on est forcé de vivre au jour le jour si l'on veut vivre indépendant, libre de subvention et de joug. On vit en *nomades,* en Parisiens. On campe où l'on peut, ou plutôt on perche. La libre parole se pose partout, et toute branche lui est bonne, comme à l'oiseau dont parle le poëte :

> Qui sent plier la branche et qui chante pourtant,
> Sachant qu'il a des ailes !

Un bail de *trois, six, neuf,* est encore bien hardi, à 8,000 francs par an ! Car, si l'on nous retire la parole et la vie dans le commencement de l'un des trois termes, nous perdons net 24,000 francs. Et 24,000 francs pour des écrivains honnêtes, nullement officieux, ne se trouvent point « dans le pas d'un cheval ».

Voilà la véritable explication, ou, pour mieux dire, la seule et unique raison de nos locaux insuffisants. Que le public nous les pardonne et continue d'y affluer. Il n'y a de bonnes fêtes que celles où l'on s'étouffe. La liberté et l'indépendance valent bien qu'on s'asphyxie un peu pour elles, en attendant que, dégagées d'entraves, elles puissent se bâtir des palais — pour elles-mêmes et pour le public, — comme en Belgique et en Hollande, à 10 francs, à 5 francs par an de cotisation pour une famille d'une douzaine de personnes. Voilà de tes miracles, ô Liberté ! Si je ne les avais vus de mes yeux mille fois, j'aurais de la peine à y croire; et je vous permets d'en douter, vous qui ne les avez pas vus. Mais, quand vous irez en Belgique et en Hollande, vous les verrez.

X.

Nous venons de dire que les cours de l'ancien Athénée de la rue de Valois s'adressaient à un auditoire restreint, composé des membres du Cercle et de quelques personnes invitées par faveur, et qu'il en est de même aujourd'hui au Cercle Agricole pour les quinze conférences de la saison, nombre restreint comme l'auditoire. — Quant aux deux Associations polytechnique et philotechnique, on a vu aussi qu'elles s'adressent à un public tout spécial.

Au contraire, nos Conférences s'adressent au public tout entier : institution essentiellement démocratique. Elles parlent, selon l'heure et le lieu, soit à un auditoire lettré, soit à la foule pêle-mêle. Elles parcourent tous les sujets. Littérature, sciences, philosophie, histoire, arts, voyages, tout leur est bon, — et tout est bon au peuple, — avide de s'instruire et d'échanger des effluves magnétiques.

Dans cette Conférence du 23 février dernier au Théâtre du Prince Impérial, M. Saint-Marc Girardin, après avoir enfin reconnu qu'il n'y a pas de vrai public sans les femmes, disait encore, en termes excellents que je me fais un plaisir de transcrire :

« C'est une grande erreur de croire que ce commerce, cette communication, ce dialogue qui s'appelle l'éloquence, appartienne seulement à celui qui parle; l'éloquence appartient aussi (et croyez-en, je vous en prie, mes trente-cinq ans d'expérience) à ceux qui écoutent. Il vient de l'auditoire je ne sais quel souffle, je ne sais quelle inspiration; on se sent vivre ensemble, on se sent parler, penser de la même manière; et la véritable éloquence, messieurs, est celle qui se dégage à la fois de l'âme d'un individu profondément convaincu et des âmes de ceux qui l'écoutent avec les mêmes sentiments et les mêmes espérances...

» Agrandir le cercle du public français, l'étendre sans le fausser, créer ou plutôt indiquer comment on peut créer un grand Athénée populaire; rapprocher par la communauté des goûts et des idées la diversité et l'inégalité des situations sociales; aplanir, effacer ces misérables séparations de classes qu'entretient la routine ou le machiavélisme, aider, aider par tous nos efforts à je ne sais combien d'éducations intellectuelles et morales qui se font dans le peuple : voilà, messieurs, quelle est notre œuvre, l'œuvre à laquelle nous travaillerons en commun, auditeurs et orateurs, avec une ardente sympathie les uns pour les autres, avec une généreuse ambition pour l'avenir libéral de notre chère patrie. »

On ne saurait mieux penser ni mieux dire. Or cette œuvre morale et patriotique, libérale et fraternelle, les Conférences l'ont commencée il y a longtemps et propagée déjà au loin, non-seulement en France, mais à l'étranger. Elles travaillent non-seulement à fondre ensemble les diverses classes de notre société française, mais, ce qui est bien plus encore, à fondre dans la même amitié les peuples jadis ennemis.

XI.

Des cours suivis ne conviennent pas au public nombreux et flottant. Il faut des Conférences détachées, — sauf à les relier imperceptiblement par un esprit unique qui en est l'âme, l'esprit de recherche désintéressée, de libre examen, de libre pensée.

Qu'est-ce, en effet, que les Conférences? Ce n'est pas seulement l'enseignement libre; c'est — je l'ai dit il y a quelques années, et un fougueux prélat s'en est scandalisé dans une célèbre brochure : — *C'est la prédication laïque.* Prédication familière, sérieuse au fond, légère dans la forme, sachant bien ce qu'elle veut, et le suivant, à travers tout, avec une ténacité douce et une modération invincible, sous les formes les plus diverses. *Prédication laïque,* — le mot a fait fortune, et on l'a imité aussi; sans doute parce qu'il était juste. Peut-être encore que cet évêque lui a porté bonheur par son indignation, comme aux *Écoles professionnelles de jeunes filles* par le baptême de ses injures.

D'autres ont donc repris notre mot cette année et ont annoncé des *sermons laïques.* Vite, on n'a pas manqué de dire encore que c'était une imitation de l'Angleterre. Rien de bon sans cette estampille !

Quoi qu'il en soit, ces *sermons laïques,* au printemps dernier, avril 1869, ont attiré, tous les dimanches, au Théâtre du Prince Impérial une foule considérable. Non-seulement le public lettré et les gens du monde, mais le peuple entier s'y pressait, et toute cette foule émue fraternisait dans les plus nobles sentiments.

Faute de place, n'entrait pas qui voulait à ces vêpres d'un nouveau genre, les vêpres du « grand diocèse » que Sainte-Beuve, en plein Sénat, a annoncé aux cardinaux. Moi qu'il a daigné appeler « l'*apostolos* des Conférences, » vous pensez si j'étais heureux alors, de voir le gland devenu chêne, en dépit des prédictions railleuses qui l'avaient accueilli sortant de terre : « Cela ne prendra pas! Cela ne durera pas! » — Et puis, lorsque la chose eut pris et eut duré, les ricaneurs de repartir : « Bah! c'est une mode comme une autre! et, comme toutes les modes, cela passera! »

En attendant, voilà la dix-huitième année! Connaissez-vous beaucoup de modes qui durent dix-huit ans, et qui soient imitées par tout le monde, gouvernement et opposition, et qui aillent se répandant de plus en plus?

***

En vérité je vous le dis, la prédication laïque ne mourra pas. Le nom de *chaire de vérité,* accaparé jadis par une seule croyance, sera, par et pour l'œuvre de la prédication laïque, restitué désormais à toutes; il désignera légitimement toute libre tribune de la pensée humaine, de jour en jour plus affranchie :

car tous les aspects de cette pensée ont droit à se manifester; tout le monde a place au soleil; et tout le monde, dans ces agapes fraternelles, donne et reçoit alternativement la communion de l'esprit.

A ce moment-là, n'en doutez pas, on dira encore que ce sont les Anglais, ou les Américains, ou les Patagons, ou les Topinambous, qui nous ont soufflé cela! Car nous sommes trop bêtes, en France, pour rien trouver, — excepté des sauveurs, qui nous sauvent malgré nous. — Eh! morbleu! comme disait le sage Horace: « Sauver un homme malgré lui, c'est la même chose que le tuer! »

Invitum qui servat, idem facit occidenti!

Sainte-Beuve a très-bien compris que notre monde si affairé et si pressé ne pouvait lire, entendre, que des Causeries courtes, sur des sujets détachés, variés. D'autres peut-être, d'un esprit moins pratique, eussent préféré faire ou lire un cours suivi, chronologique, de littérature ou de n'importe quoi! C'eût été retomber dans le procédé de La Harpe. Mais Sainte-Beuve, pour la plus grande liberté de lui-même et de ses lecteurs, sachant que, selon le proverbe: « Changement de viande met en appétit, » a écrit sans plan, à bâtons rompus, ses exquises *Causeries du lundi*, où l'on voit éclater à chaque page le sens du Critique supérieur, qui sait tous les secrets de l'art et tous ceux de l'humanité.

Eh bien! mon avis est et a toujours été qu'il faut aussi des Conférences détachées, quoi qu'en disent certains esprits habitués aux vieilles méthodes et qui n'en veulent pas démordre.

L'affiche doit changer tous les jours. Vous pourrez bien, de temps en temps, vous permettre de courtes séries de Conférences autour d'un même sujet, — à la condition d'en varier les aspects, d'en diversifier les titres, et de ne jamais entrer dans la place par le même côté.

Pelletan, à la rue de la Paix, avait annoncé l'*Histoire du progrès*, c'était un beau sujet de Conférences; mais, lorsque ce titre eut paru trois fois, il y eut avantage à le changer, — sauf à continuer de traiter le sujet, en variant le titre.

XII.

A vrai dire, les sujets ne sont que des prétextes : le titre ne fait rien à l'affaire. On est en train, ou on ne l'est pas; soit l'orateur, soit le public. Car la parole, comme dit Montaigne, appartient moitié à celui qui parle moitié à celui qui écoute.

Quelquefois l'auditoire est vif, éveillé, animé, vibrant; il rend sous la main, il palpite; il a de l'esprit et il vous en donne; il y a échange d'effluves et d'étincelles.

D'autres fois il est lourd, endormi, endormant; Sa Majesté digère. En vain vous l'attaquez, en vain vous le piquez; rien ne le touche, rien ne l'éveille.

Toutes vos paroles, même les meilleures, tombent dans son indifférence, comme des pierres dans l'eau d'un marécage, sans ricocher. Ah! dame, si bien disposé que l'on soit, sa somnolence enfin vous gagne. Bientôt tout dort dans le hameau. Le gaz lui-même s'assoupit. Le patient, qui parle toujours, se débat en vain quelque temps dans cette apathie de son auditoire, puis il finit par s'y noyer.

Mais, en revanche, dans les bons jours, quelle allégresse et quelle joie! cet échange soudain et continu d'idées, de sentiments et de regards! ces sourires, ces mouvements et ces murmures sympathiques! sentir l'effet qui vient et le voir éclater en applaudissements unanimes! ce croisement de traits! cette chaude mêlée! comme tout roule, et comme tout jaillit! comme tout se répond et se comprend! comme le monologue devient dialogue! comme c'est vraiment la Conférence, quoiqu'une seule personne ait la parole; mais quel vaste clavier, souple et sonore, que cette foule intelligente! quelles délices d'en tirer les modulations qui expriment et mêlent son âme et la vôtre!

***

L'emphase n'est point de mise aux Conférences. A peine l'éloquence ose-t-elle s'y montrer. La Conférence est surtout causerie. « La clarté, disait Arago, est la politesse de ceux qui parlent en public. » La clarté et le naturel, voilà les qualités que rien n'égale et que rien ne peut suppléer. Ajoutez-y, si vous pouvez, l'élégance, l'imagination, la verve, l'imprévu du trait, la grâce de la forme sur la solidité du fond.

Vir bonus dicendi peritus « un homme de cœur, habile à parler », c'était, selon le vieux Caton, qui s'y connaissait, la définition du véritable orateur.

« La vraie éloquence, dit Pascal, se moque de l'éloquence! » C'est-à-dire la simplicité honnête et convaincue, — et puis ce que Mirabeau appelait « le don terrible de la familiarité », — cela laisse bien loin derrière soi et le phébus et le pathos. Cela est d'un effet bien plus profond, bien plus sûr et bien plus durable! O rhéteurs et sophistes, qui dansez sur la phrase, au grand ébahissement des naïfs; qui jonglez avec les idées, avec les sentiments les plus sacrés, sans vous intéresser à rien au fond, qu'au succès de vos jongleries et de vos prestiges ou de vos phrases creuses et sonores, combien vous paraissez petits et misérables quand on vous compare à un homme de cœur parlant avec esprit!

Comme la parole de celui-ci est ferme, noble et ingénue! pleine de sincérité, de mesure, de justesse! Comme ses pensées, sérieuses et mûries, se suivent et s'enchaînent! Comme les mots se subordonnent aux idées, au lieu de vouloir attirer à eux l'attention de l'auditeur!

« La vraie éloquence, disait Fénelon, ne se sert du style que pour la pensée, comme l'honnête homme ne se sert de son vêtement que pour se couvrir. » Fi de l'éloquence tapageuse, pareille aux toilettes bigarrées des demoiselles à huit ressorts qui évoluent entre cinq et six heures autour du lac! Fi de ce style enflé, fardé et maquillé, qui déshonore les idées! Ah! véritable éloquence du cœur, toute dans les sentiments et les pensées, éloquence qui coules de source et qui d'un cours égal et plein, comme un grand fleuve, emportes les âmes ravies, combien tu es supérieure à l'emphase inégale et saccadée de celui-ci, le prédicateur sombre et emphatique, l'assembleur de nuages d'où sortent çà et là deux ou trois éclairs; aux simagrées et aux pantalonnades de celui-là, un chat, un arlequin, qui se tortille, qui rit, qui pleure, à volonté, et toujours faux!

Avec l'orateur naturel et simple, on goûte une sécurité, une joie pleine; on s'abandonne délicieusement à la sympathie, à l'émotion.

Ce qu'on appelle vulgairement l'éloquence est à l'éloquence véritable ce qu'est la peinture de décor à l'art des Raphael, des Rubens, des Van Dyck, des Rembrandt et des Velasquez. C'est badigeonné à grands coups de brosse; c'est gros et fait pour être vu de loin, à la lumière artificielle. De près, c'est horrible.

La grosse artillerie de l'éloquence peut avoir son utilité dans les meetings, dans les batailles électorales. Hors de là, elle me paraît difficilement compatible avec la vraie noblesse des sentiments, qui est pleine de mesure et de pudeur, ou avec la délicatesse du cœur et de l'esprit.

Cette éloquence-là n'entend rien aux nuances, et elle ne saurait les admettre : les nuances, de loin, ne se verraient pas.

Il y a dans la grosse éloquence, sinon une certaine improbité, du moins une certaine fausseté, l'emphase étant presque toujours de deux choses l'une, ou un manque de sincérité, ou un manque de justesse, à moins que ce ne soit à la fois l'un et l'autre; il y a, en tout cas, un parfait mépris à l'égard de ceux qui écoutent et regardent cette comédie. Je ne sais plus lequel de ces comédiens a prétendu que ce sentiment-ci, le mépris de l'auditoire, était indispensable à l'orateur, comme première condition de son succès. Et j'ai été souvent près de le croire lorsque j'ai vu à l'œuvre devant la foule ces grands brasseurs de pathétique frelaté.

Ce qui est affligeant, c'est que le public, lorsqu'il est un peu nombreux, applaudit tour à tour, et dans la même séance et quelquefois dans le même discours, le mauvais et le bon.

Raison de plus pour essayer de faire, par tous les moyens, l'éducation du public, son éducation littéraire en même temps que son éducation morale.

XIII.

Dans un de ses feuilletons du *Temps*, — 31 mai 1869, — Sarcey, parlant incidemment de ce que doit être une Conférence, dit fort bien :

« Il n'en faut point faire, évidemment, une leçon de Sorbonne. Ce n'est pas non plus une simple causerie : on ne cause pas devant douze cents personnes. C'est encore moins un discours, une harangue, avec de grands mouvements oratoires. C'est un mélange de tout cela; mais dans quelle mesure ?... Je n'arrive jamais devant cette table du conférencier sans une émotion secrète; c'est un genre tout nouveau, un terrain mal connu, où l'on ne marche qu'à tâtons, risquant tout à coup de tomber dans une invisible chausse-trappe... »

Dans ses Conférences comme dans ses feuilletons, Sarcey apporte un esprit libre de préjugés, une logique résolue, une verve prime-sautière (non sans préparation toutefois), au service d'un bon sens très-personnel. Ceux qui ne sont pas du métier s'imaginent peut-être qu'il n'y a point d'art dans ses improvisations; il y en a beaucoup, au contraire, soit dans la construction du plan, soit dans le style : les dessous en sont très-solides et les lignes très-arrêtées; la fantaisie ne s'y donne carrière que dans quelques détails, parfois très-familiers et même un peu vulgaires, jetés en pâture au gros du public. Les délicats et les femmes, à ces passages-là, se hâtent un peu trop de crier : *shocking!* Sarcey, même quand il a l'air gros, est souvent fin : il fait parfois le paysan, il en a un peu l'encolure trapue; mais c'est un paysan madré. Il a un art à lui, qui, sous un air bonhomme, est bien plus coquet qu'on ne croit, et se dissimule très-bien, selon le précepte de l'art lui-même : *Suprema ars, artem non apparere.*

Ce qui n'empêche pas que Sarcey soit inégal autant qu'homme du monde : par cela même qu'il est artiste, il a ses nerfs. Quand ses nerfs vont bien, tout est pour le mieux; quand ils vont mal, il lâche tout, et, au beau milieu de la Conférence, plante là son sujet et son public; ou bien, ayant annoncé sur l'affiche qu'il parlerait d'une comédie d'Alexandre Dumas fils, il vous raconte et vous explique tout au long Pascal et *les Provinciales,* la querelle de la Grâce, Jansénius, etc.; de Dumas fils ni de sa comédie, pas une syllabe! sans même songer à dire pourquoi il ne prononce pas un mot du sujet qu'il a annoncé : nul ne se gêne moins avec le public.

Sarcey ne tient pas trop aux petites bienséances. Qui dit convenances dit aussi conventions. Je m'imagine qu'il met volontiers les unes et les autres dans le même sac que les préjugés et les lieux communs. Or il se garde des préjugés, — en quoi il a raison, — et méprise absolument les lieux communs, — en quoi peut-être il a tort.

Les lieux communs sont, à vrai dire, le pain quotidien de l'humanité, le fonds éternel et inépuisable de la poésie et de l'éloquence, — pourvu qu'on les revête de style, qui seul leur donne prix et durée, et qu'on les rajeunisse en les reprenant, en les refondant à son moule et y mettant sa marque individuelle; mais c'est là le difficile!...

Difficile est propriè communia dicere!...

Par haine du lieu commun, il arrive à Sarcey parfois, sur tel ou tel chapitre particulier, de tomber dans le paradoxe : au sujet de Molière, par exemple, pour être neuf, il est *injuste* et *faux*; — non pas au même degré sans doute que J. J. Weiss, qui défigure et calomnie Molière d'une manière qui serait révoltante si elle n'était insensée; mais enfin, quand Sarcey prétend que Molière est *aristocrate* et *courtisan*, il soutient le contraire de ce qui est évident : Molière est entre Rabelais et Voltaire, et passe le flambeau de l'un à l'autre.

Sauf ces *exceptions*, Sarcey en général a le sens droit, l'imagination juste autant que gaie, le style simple et franc, robuste et populaire; s'il n'est pas léger, il n'y vise point et n'en a pas besoin pour sa nature d'esprit, qui excelle dans les déductions logiques. Il ne se refuse point çà et là le mot trivial, qui heurte et qui choque (les dames surtout), mais qui anime l'auditoire.

Il a, *dans ses bons jours*, un entrain admirable, une originalité vive : quand il court à l'assaut de quelque opinion fausse, il fait comme les zouaves pour escalader les hauteurs de Solferino, il ôte sa culotte et la laisse dans le pré; il est merveilleux d'élan et de joie : c'est le zouave du bon sens.

Il a l'habitude de parler debout, avec un certain balancement du corps et un geste de la main droite modéré, vrai et expressif, au moyen duquel parfois il s'amuse à achever, en la mimant, sa phrase suspendue à dessein et interrompue.

Tempérament riche, nature compacte : je conjecture que son esprit très-absolu n'est peut-être pas des plus hospitaliers aux choses qui ne lui ressemblent pas, aux idées qui ne sont pas les siennes, enfin à tout ce qui n'est pas lui. Il est entier, il a un *moi* carré; avec cela, nervoso-sanguin : le cou gros et court.

Dès l'École Normale, où jadis je l'eus pour élève, il s'annonçait tel : carré, dans son coin, et l'air assez dédaigneux, — peut-être à cause de sa vue basse [1].

[1] Le hasard m'a donné, peu ou prou, pour élèves, à l'École Normale ou ailleurs, Sarcey, J. J. Weiss, Prévost-Paradol, Taine, Beulé, Louis Ratisbonne, Eugène Yung, Edmond Villetard, Caro, Mezières, Lenient, Hector Crémieux, Belot, Ernest Dottain, Glachant, Gandar, Challemel-Lacour, Ordinaire, Alfred Assollant, Frédéric Morin, Denis, Beaussire, Girard, Perrot, Lambert Thiboust, Nuitter, etc.

Je me rappelle, à ce propos, que, quand Prévost-Paradol se présenta à l'École Normale, j'étais chargé, comme Maître de Conférences, de corriger les thèmes grecs des concurrents : trois cent cinquante-six thèmes grecs! Prévost-Paradol avait écrit le sien, probablement sans dictionnaire, avec un laisser-aller magnifique, étant bien sûr d'ailleurs d'entrer d'assaut par la composition française. Cependant la règle était que, si dans une seule des compositions un des candidats ne méritait pas d'être classé à un rang quelconque, il fût rejeté, par cela seul, mis hors concours, et par conséquent déclaré inadmissible à la seconde série des épreuves, aux examens oraux. Or le thème grec de Prévost était criblé de fautes énormes, solécismes et barbarismes. Il méritait bien d'être rejeté, non classé. Je crus devoir néanmoins le classer, mais sans faire de tort à personne, et je lui accordai, sans qu'il le sût, la place de trois cent cinquante-sixième, — sur trois cent cinquante-six! — Sans quoi, il était hors concours, et l'École eût perdu une de ses gloires. — Je lui fournis ensuite, dans l'examen oral, l'occasion de se relever un peu pour le grec, en lui donnant à expliquer quelques lignes d'Hérodote, qui est, avec Homère, l'auteur le plus facile et le plus clair. Il n'eut pas de peine à s'en tirer.

C'est ainsi que, sans qu'il le sût, j'avais contribué à son admission. Lui, à son tour, contribua plus tard, avec mon ami

Aujourd'hui, sur cette carrure puissante, il sait mettre, lorsqu'il le veut, un air de rondeur.

Chavée est devenu prédicateur laïque, ayant été d'abord prédicateur sacré : il lui en reste quelque chose, — de mauvais et de bon : — le mauvais, c'est un peu de scolastique, dans la forme, sinon dans le fond; le bon, c'est l'érudition et l'énergie de l'éloquence. Il assène avec force, avec autorité, les idées et les mots : il a la prononciation accentuée, intense, analytique; le geste large, puissant et varié. Il mêle l'imagination à la science et soude les hypothèses aux vérités. Mais, même lorsqu'il fait des paralogismes, il respire la conviction.

Félix Hément, entre ceux qui font des Conférences scientifiques, se distingue par la clarté, la précision et l'élégance. Sa parole saine a rejeté décidément l'afféterie et dédaigne les faux ornements qui déshonorent la science. Il était jadis un peu dameret, il est devenu tout à fait viril. Il ne prend pas les métaphores pour des idées, ni les hyperboles pour l'élévation. Il est disert, net et limpide. Nul mieux que lui

M. Ernest Havet, à mon entrée au *Journal des Débats*, lorsque je revins de l'exil. — Je succédai, dans ce journal, à mon ancien camarade d'École Normale Hippolyte Rigault, qui lui-même m'avait remplacé dans ma chaire de rhétorique du lycée Louis-le-Grand, après ma *mise à la réforme*. Tel est le chassé-croisé des existences, le va-et-vient de la vie, le flux et reflux.

ne sait présenter au public la science tout épluchée, débarrassée de sa coque verte et amère.

Je ne puis parler que de ces trois-là, parce que je n'en ai guère entendu d'autres, étant toujours à discourir au sud, au nord, à l'orient et au couchant, dans les intervalles de mes mercredis parisiens.

C'est ce qui m'a empêché d'accepter les propositions de Ballande quand il eut l'idée très-heureuse de faire représenter et de jouer lui-même, avec d'autres acteurs, le dimanche, dans l'après-midi, au théâtre de la Gaieté, les chefs-d'œuvre de nos grands poetes, en faisant précéder d'une Conférence chaque représentation.

Encore une forme et une application très-féconde de la Conférence!

XIV.

Si la mission de la France est de répandre les idées, la Conférence est un des instruments de diffusion les plus utiles, un des plus souples et un des plus puissants organes. La Conférence se fait toute à tous, se proportionne à chaque auditoire, et s'adapte à chaque milieu. L'esprit est essentiellement chose de mesure, de rapport et de flair. C'est dans la conversation que ces qualités trouvent leur emploi, et la Conférence est surtout une conversation publique, sous forme de monologue varié, où l'on cède souvent la parole aux plus grands écrivains de tous les temps. On en exprime la substance et la moelle. On la concentre, on la réduit. *Of meat!* On vous livre en une heure le fruit de cent lectures et de toute une vie d'études, de réflexions, de recherches, de voyages, d'expérience individuelle mêlée aux idées condensées extraites des plus beaux génies.

La Conférence met tout cela en circulation, en usage. Elle frappe en monnaie courante les vérités utiles, — neuves ou délaissées. — Elle ravive ou elle crée. Elle divise les idées, comme les aliments, afin qu'on s'en nourrisse. Elle mêle les connaissances à l'air que l'on respire. Elle volatilise l'esprit. Elle stimule la vie intellectuelle et morale. Elle la multiplie. Elle la communique et la reçoit tour à tour.

Pour agir sur les hommes, encore plus sur les femmes, enfin sur le public, jamais la chose écrite, si parfaite qu'elle puisse être, ne vaudra la parole vivante, fût-elle même assez ordinaire, voire incorrecte, mal léchée, mal peignée. La vie! rien ne supplée cela! Le visage du parleur et ceux des auditeurs en communication constante, c'est la condition *sine quâ non!*

Ce que firent jadis pour une seule doctrine les hommes zélés et convaincus qu'on appela les *envoyés*, ἀπόστολοι, eh bien! les libres discoureurs, les conférenciers, le font aujourd'hui pour la Vérité tout entière, sans acception de secte ni de parti. Ils vont de ville en ville, de pays en pays, — répandant, eux aussi, la bonne nouvelle, — celle de la recherche universelle, de l'étude, de la moralisation, de l'affranchissement; — de l'activité, qui crée les richesses; — de la vertu, qui les remplace et qui nous apprend à nous en passer.

C'est le libre-échange des idées; c'est le *self-government* de la pensée, en attendant l'autre. C'est, dans un grand nombre de villes, l'avénement des femmes à la vie littéraire, scientifique, philosophique, ou, pour parler plus simplement, à la vie de la raison; — et cela sans pédanterie, sous forme de passe-temps mondain.

Selon chaque ville et chaque auditoire, on doit modifier le ton, le cadre, les accessoires de cette prédication habillée en causerie. L'esprit, au fond, reste le même; un seul but et mille moyens.

Changer tous les jours de public, c'est la difficulté; c'est aussi l'intérêt. A ce contact des auditoires les plus divers, on apprend la vie pour son compte autant qu'on l'enseigne et qu'on la répand.

En organisant dans chaque ville les Conférences, non sans peine, on noue de précieuses relations : on cueille partout la fleur des gens lettrés, des esprits libéraux, des nobles cœurs. On se console, dans leur conversation, des tristesses du temps présent; on s'encourage mutuellement à la constance par l'espoir d'un avenir meilleur.

Songez : quel heureux privilége! il n'y a guère, dans chaque endroit, qu'un petit groupe de personnes de valeur, en qui se réfugient l'honneur et le courage : eh bien! grâce à cette vie d'apostolat, on fait connaissance naturellement avec chacun de ces groupes valeureux; on cueille, on goûte, dans l'espace d'une saison, tout ce qu'il y a de plus élevé et de plus vif par l'esprit et la conscience dans chaque ville grande ou petite.

Voilà le beau côté de cette vie errante, — très-pénible d'ailleurs; — voilà comment le poëte a raison :

Vie errante
Est chose enivrante!

Voilà ce qui nous récompense de bien des fatigues et de bien des peines! Que de lettres à écrire! que de kilomètres à dévorer! Surtout que de difficultés morales et que de luttes! que de machinations du parti adverse! que de calomnies! que de dénonciations!

Que d'épisodes je pourrais raconter, — Sedan, Bayonne, Saint-Germain, Fontainebleau, — qui feraient voir combien l'initiative individuelle, quand elle veut s'exercer libre et indépendante, rencontre, à chaque pas, d'obstacles difficiles à surmonter! La bêtise humaine a des profondeurs insondables.

En revanche, il y a de l'esprit partout, quoi qu'en

pensent les boulevardiers, qui s'imaginent volontiers que la province et l'étranger sont une vaste Béotie. Ceux qui croient cela sont les vrais provinciaux, les provinciaux de Paris, les plus étroits de tous. Quiconque a un peu voyagé sait qu'il y a en tout pays du bon sens, de l'esprit; que la forme seule des idées et de la conversation varie. Mais ces provinciaux de Paris n'admettent et ne comprennent d'autre forme que la leur : ils veulent que l'univers civilisé parle leur vocabulaire et leur argot. Ils manquent d'ouverture et de jour. Eh bien! il faut le leur apprendre, au risque de les étonner, le monde est plus grand que le boulevard.

Pour moi, j'aime à goûter, en voyageant, de toutes les sortes de mets et de boissons, de toutes les formes d'esprit, de tous les usages. Foin des coteries et de l'argot! En dépit de ses prétentions, c'est le boulevardier qui est de son village et qui montre qu'il n'en est jamais sorti.

***

Mais, s'il y a de l'esprit partout, j'avoue qu'on rencontre dans quelques endroits une prodigieuse ignorance. Et justement les Conférences travaillent à la dissiper. Vous ne vous doutez pas à quel point sont incultes littérairement certains esprits, très-bons d'ailleurs. *Ignoti nulla cupido.* Comment se mettre en quête de ce dont on n'a point l'idée? — Dans une ville de l'extrême Nord, je venais de faire une Conférence sur madame de Sévigné et de parcourir devant l'auditoire ses charmantes lettres. A la fin de la séance, une dame, d'une physionomie extrêmement intelligente, s'approcha de moi timidement, et, m'ayant exprimé son ravissement des citations que j'avais faites, me demanda « où donc on pouvait se procurer ces lettres adorables... »

Ainsi, jamais elle n'avait ouï parler de madame de Sévigné! C'était pour elle une révélation. Notez que cette dame, comme je l'ai su depuis, était à la tête d'une nombreuse famille et dans une très-large situation de fortune; musicienne, elle et ses filles, jouant Mozart et Beethoven à livre ouvert; bref, très-cultivée sur certains points, sur d'autres entièrement en friche.

Eh bien! quand les faiseurs de Conférences ne seraient que de simples donneurs d'adresses de tant d'écrivains charmants et exquis, que bien des gens ne lisent point, faute d'en avoir même l'idée, est-ce qu'ils seraient inutiles?

Mais ils servent à quelque autre chose. Songez qu'avant nos libres Conférences les femmes, dans la plupart des villes, non-seulement en Belgique, mais en France, ne connaissaient d'autre parole que la parole cléricale. Elles entendent à présent la parole laïque, animée de l'esprit moderne, de l'esprit rationnel, historique et scientifique, de l'esprit de vraie Vérité enfin!

Présenter des idées solides et sérieuses sous une forme familière et mondaine, c'est la difficulté de notre tâche; mais c'en est aussi le mérite, lorsque nous y réussissons.

N'est-ce rien que d'entremêler adroitement aux études littéraires les études morales, biographiques, humaines? Éclairer la critique du livre par la vie de l'auteur, et cette vie par la physiologie, — sans pousser les choses à outrance, sans tomber dans une sorte de fatalisme géographique peu sérieux, sans remplacer l'âme par la matière et le génie par la chimie; — rechercher toujours sous l'écrivain l'homme, et non-seulement l'homme qui a écrit tel livre que l'on parcourt en ce moment et qui fournit le texte et le prétexte, mais l'homme de tous les siècles et de tous les pays; — et qui dit l'homme dit la femme : — bien plus! on s'imagine que la femme n'est que la moitié de l'humanité; elle en est au moins les deux tiers! Mener de front tout cela à la fois sans avoir l'air d'y songer; flâner en causant, à ce qu'il semble, et faire l'école buissonnière, mais, chemin faisant, cueillir ou semer, et ne jamais perdre de vue son dessein : c'est l'art caché des Conférences.

Nous ne sommes pas de simples amuseurs; mais nous ne tenons pas à endormir les gens pour mieux obtenir leur estime et leur considération. Je n'ai jamais été de ceux qui pensent que, pour être sérieux, il faut être ennuyeux. Nous croyons que l'on a plus d'action et plus de prise sur le public par la variété, sous forme familière et détachée, que par un cours suivi sur un sujet donné, sous forme méthodique, logique et didactique. Voyez Montaigne, et puis voyez Charron, son disciple pourtant : mais quelle différence! L'un charme par sa légèreté et son décousu apparent; l'autre ennuie pour avoir rangé en bel ordre toutes les mêmes choses. Ce n'est pas tout : l'un a prise sur nous, l'autre donne prise sur lui : s'il n'eût été d'Église, il se fût fait brûler, comme Étienne Dolet et tant d'autres! Mais Montaigne, comme Rabelais, se sauve par le décousu et le semblant de frivolité.

Ainsi donc, pour mille raisons, la forme familière, légère, éparpillée, nous paraît préférable à l'autre.

XV.

Tous les objets de la pensée, de la curiosité humaines, sont analysés dans les Conférences, par des esprits divers, dont chacun a son plan, sa stratégie et sa tactique, ses procédés, sa forme à lui, sa physionomie; — de sorte qu'il y en a pour tous les goûts, et que l'idée qui sous telle forme n'est pas entrée dans l'esprit de l'auditeur y pénétrera sous telle autre.

Tous ceux qui font des Conférences libres ne se ressemblent que par un point : c'est que tous également cherchent la vérité, — sans intérêt, sans préjugé, sans avoir d'avance posé sur leurs yeux aucun bandeau d'orthodoxie, — n'étant pas de ces philosophes étranges qui débutent par faire une belle profession de foi officielle, pour se mettre à couvert de tout orage, eux et leur position, et qui prétendent après cela enseigner la philosophie! la philosophie, qui est avant tout la recherche désintéressée, libre de tout parti pris et de toute entrave!... Eux des philosophes? Allons donc! Ce sont des faiseurs, des sauteurs, des chats qui retombent toujours sur leurs pattes, des intrigants et des pieds-plats. La philosophie n'est pour eux, comme toute autre chose, qu'un métier, un moyen : matière à rhétorique dans leurs chaires et à marivaudage dans les boudoirs. Figaro, leur père, un valet, a tracé leur programme et leur bonne aventure : « Médiocre et rampant! et l'on arrive à tout! »

Pour nous qui sommes sincèrement attachés à la libre recherche, nous ne demandons pas à une doctrine si elle est bien ou mal portée, si elle est consolante ou désolante, avant de rechercher si elle est vraie; — d'ailleurs ce qui est vrai ne peut être désolant que pour des esprits qui voient de travers; — nous nous livrons à l'étude des faits et à la critique des idées, nous les faisons passer au crible, quel qu'en doive être le résultat; ce résultat dût-il paraître triste, nous nous y résignons d'avance; mais non! la vérité, encore un coup, ne saurait être triste pour des esprits bien faits; l'illusion seule et la fausseté contristent ceux qui sont épris de la vérité avant toute chose! Et, fussent-ils sans espérance, ils sont sans crainte.

***

Continuons donc à défendre et à propager la libre

recherche, le libre examen, la science et la raison, par tous les moyens qui sont en notre pouvoir, — avec cette persévérance qui conquiert peu à peu pour alliés tous les esprits sincères, toutes les âmes honnêtes, et aussi avec cette modération qui est le vrai signe de la force et le vrai gage du succès.

Non que nous espérions, — il s'en faut de beaucoup, — contenter tout le monde! Ce serait une folle utopie et un amour-propre insensé. Sachant par cœur la fable du *Meunier, son fils et l'âne,* nous ne tenons à contenter que notre conscience d'abord, et ensuite les gens raisonnables, — qui ordinairement sont indulgents, parce qu'ils se doutent des difficultés, parce qu'ils savent qu'il y a des inconvénients à tout et qu'on n'a jamais qu'à opter entre les moindres.

XVI.

Les Conférences donnent le désir de lire; les Bibliothèques populaires en donnent les moyens, la Société Franklin en tête! « Un bon livre est un bon ami », a dit Bernardin de Saint-Pierre. Eh bien! il faut avoir le plus d'amis possible, pourvu qu'on les choisisse bien!

Le développement des Cours du soir pour les adultes correspond à celui des Bibliothèques populaires : ce sont deux œuvres corrélatives.

Pour mieux dire, sous formes diverses, c'est la

même œuvre qui partout se poursuit et se développe à vue d'œil : œuvre de lumière, d'émancipation et d'affranchissement, — de civilisation et de liberté!

Jules Simon l'a très-bien dit : « Les progrès de l'instruction et ceux de la liberté sont et doivent être inséparables... S'il suffit quelquefois de l'héroïsme d'un moment pour conquérir la liberté, il faut beaucoup d'instruction et de civilisation pour l'organiser et la conserver... La première démarche pour fonder une démocratie, c'est de créer des écoles populaires », — de détruire partout l'ignorance et d'appeler le peuple tout entier à la vie intellectuelle.

A la vérité, nous n'avons pas en France, comme en Angleterre et en Allemagne, une multitude de livres écrits spécialement pour le peuple. — Eh! qu'est-ce que cela fait? N'avons-nous pas les chefs-d'œuvre de notre littérature? Est-ce que Corneille, est-ce que Molière ne sont pas une bonne nourriture pour le peuple comme pour les lettrés? Voyez, les jours de spectacles *gratis*, comme le peuple sait applaudir aux bons endroits! comme tout ce qui est grand l'émeut! Son sens littéraire, nous l'avons dit, se trompe quelquefois, faute de l'instruction nécessaire; son sens moral, très-rarement. Eh bien! quand les chefs-d'œuvre de ces génies, quand cette moelle de lion servira d'aliment à tous les citoyens, chacun pourra dire à son fils, comme la poétique chanson des Hellènes régénérés, dans la guerre de l'indépendance :

« Aiglon, bois le sang des héros, tu sentiras croître ta serre, tes ailes grandiront d'une coudée! »

Oui, cette forte nourriture, cette moelle des héros en produira d'autres. Déjà la chose est arrivée plus d'une fois. Combien la lecture de Plutarque et ses biographies des hommes illustres ont-elles enfanté d'autres gloires!

***

Les Conférences se font honneur de participer à cette grande œuvre : l'avénement et l'organisation définitive de la démocratie et de la liberté par l'instruction et le travail!

XVII.

En résumé, ce que des esprits studieux ont amassé de connaissances diverses par de longues lectures, de patients travaux, ils le distribuent libéralement, — y ajoutent de leur propre fonds, se donnent eux-mêmes sans compter et se répandent généreusement, pour faire germer partout la vie, pour accroître le mouvement, pour accélérer la circulation intellectuelle, pour éveiller l'émulation et multiplier les unes par les autres les forces de chacun et de tous.

En une heure ils vous communiquent, sous forme abrégée et facile, le fruit d'un grand nombre de recherches, la substance de je ne sais combien de volumes et de pensées, — la fleur et le suc des grands esprits; plus, l'assimilation, la transformation et les combinaisons nouvelles, les idées personnelles,

les formes individuelles, ou les aperçus propres au parleur; et tout ce que donne le moment, le contact avec l'auditoire, l'imprévu, la nécessité d'aller, le fossé devant vous et la haie à franchir, coûte que coûte, au risque de se rompre le cou, l'impossibilité de reculer, enfin l'improvisation, heur et malheur; tout ce qui peut jaillir et sourdre d'un sol bien préparé d'avance et bien remué, quand l'électricité commune soudain le féconde et le met en œuvre.

Bossuet a dit quelque part : « C'est l'effet d'un art consommé de réduire en un bref discours un long sujet. » Eh bien! une Conférence faite avec soin exige quelque chose de cet art consommé. Elle représente plusieurs jours de préparation spéciale, précédée d'une immensité de travaux généraux et de connaissances accumulées dans une pensée mûrie.

Mais l'érudition ici n'est que la moindre chose et la moins précieuse : la vraie valeur d'une bonne Conférence, c'est une âme qui se donne à d'autres âmes et leur communique sa vie.

Encore une fois, il n'est pas nécessaire d'employer des formes pompeuses : un parler naturel sied mieux à des convictions sincères; un peu de familiarité pénètre plus aisément dans les esprits. Ni emphase, ni trivialité, — mais pas d'empois non plus, ni d'amidon! — une parole simple et ingénue qui rende le mouvement de la pensée, et qui, transparente, laisse voir le cœur.

Les comédiens de la parole ne font illusion que pour un temps; les esprits vrais, à la parole franche, voient leur succès croître toujours.

***

Poursuivons donc, ô mes amis, tranquillement dans cette voie, à travers tous les obstacles et toutes les injustices : notre récompense est en nous-mêmes et dans le succès de notre œuvre partout imitée, dans cette magnifique éruption de vie intellectuelle, dans cette résurrection morale!

Quoi donc! ne voilà-t-il pas que les princes eux-mêmes se mêlent de faire des Conférences? Ce sera peut-être une marque d'honneur pour les Conférences aux yeux de quelques personnes; j'avoue, pour moi, que cela m'est égal : c'est pour les princes que cela me fait plaisir.

On écrit, en effet, de Stockholm, que le prince Oscar de Suède a fait, en présence de la cour, du prince royal de Danemark et d'une nombreuse assemblée, une Conférence sur la bataille navale de Lissa; ç'a été là un événement dans la haute société suédoise.

Ainsi la statistique comptait déjà des princes musiciens, des princes écrivains; elle ajoutera à sa liste des princes faiseurs de Conférences, au grand scandale peut-être de quelques hobereaux et à l'admiration de quelques Béotiens. — Pour nous, qui sommes bons princes, quoique républicains, nous saluerons courtoisement ces nouveaux confrères, — pourvu qu'ils disent de bonnes choses et qu'en nous aidant à répandre les idées libérales et les lumières, ils travaillent, comme le disait ce précepteur de je ne sais quel roi, à se rendre inutiles un jour. — Inutiles, eux et tous leurs frères en princerie.

Gens d'esprit et hommes de cœur, voilà les seuls princes, les seuls rois et les seuls empereurs de l'avenir, — alors que dans la République universelle et dans les États-Unis de l'Europe on pourra redire avec vérité la formule élégante et brève par laquelle Fénelon a résumé la démocratie athénienne : « A Athènes, tout dépendait du peuple, et le peuple dépendait de la parole. »

***

Assez et trop longtemps la fièvre des intérêts matériels semblait seule agiter notre pays. Voilà enfin qu'une autre fièvre, celle-là salutaire et régénératrice, s'empare de la France et la renouvelle ! C'est la fièvre des choses spirituelles, morales et patriotiques, la fièvre des nobles plaisirs de l'esprit et de la pensée, la fièvre de l'honneur qui renaît et de la liberté qui revient! Saluons cette heureuse crise : c'est le retour à la santé et à la vie ! Et peut-être que nos humbles Conférences n'y ont pas été étrangères.

Rappelez-vous le mot de Mahomet, en son Coran : « Dans la nuit noire, sur un marbre noir, une fourmi noire — marche : — Dieu la voit, Dieu l'entend ! »

Eh bien ! telle est parfois la marche du progrès. La Conférence, c'est la fourmi.

ÉMILE DESCHANEL.

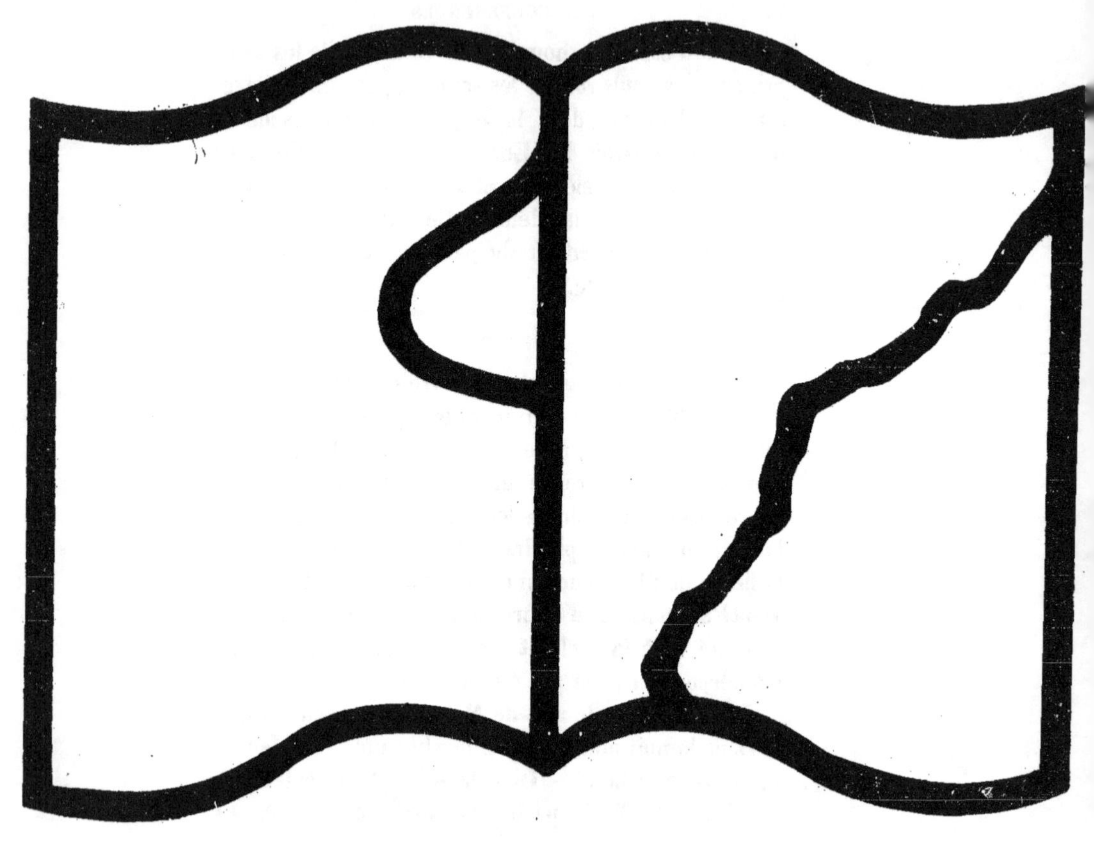

Texte détérioré — reliure défectueuse

NF Z 43-120-11

www.ingramcontent.com/pod-product-compliance
Lightning Source LLC
LaVergne TN
LVHW020448230826
846091LV00004B/1604
9782016188279